교실 속 행복 부싯돌
협동학습

교실 속 행복 부싯돌

협동학습

ⓒ 포항협동학습연구회, 2024

초판 1쇄 발행 2024년 2월 13일

지은이   포항협동학습연구회
펴낸이   이기봉
편집   좋은땅 편집팀
펴낸곳   도서출판 좋은땅
주소   서울특별시 마포구 양화로12길 26 지월드빌딩 (서교동 395-7)
전화   02)374-8616~7
팩스   02)374-8614
이메일   gworldbook@naver.com
홈페이지   www.g-world.co.kr

ISBN   979-11-388-2793-5 (03370)

교실 속 행복 부싯돌

협동학습

배움과 삶을 잇는 10년의 기록

포항협동학습연구회 지음

교사공동체의 삶 10년 전격 해부!

'협동이 왜 필요해?', '교사공동체는 왜 필요해?'에 대해
10년간 교사공동체로 만난 선생님들이 삶으로 대답하다

좋은땅

나는 한 권의 책을 책꽂이에서 뽑아 읽었다.
그리고 그 책을 꽂아 놓았다.
그러나 나는 이미 조금 전의 내가 아니다.

– 앙드레 지드

협동학습을 만나기 전과 후의 교실은 앙드레 지드의 말과 같다.
협동학습을 알기 전 교실과 알고 난 후의 교실로…

since 2013 포항협동학습 연구회

'since 0000년'이라는 간판을 달고 있는 상가는 깊은 맛이 묻어난다. 오래되었으나 퇴색하지 않았다는 신뢰성 말이다. 우리 포협(포항협동학습연구회의 줄임말)도 그런 간판을 달고 싶다.

협동학습을 만나고 공동체를 꾸린 지 10년이 넘었다.

변방의 내세울 것 없는 교사들이 10년 동안 모여 교육 이야기를 했다. 전국의 좋다는 강사들을 모셔오기도 하고, 직접 찾아가기도 하며 좀 더 나은 교육을 위해 몸부림을 쳤던 시간이다.

교육의 본질이 무엇일까? 가르침과 배움은 어떻게 일어나는가? 교사의 전문성이란 무엇인가? 사유하고 성찰한 시간, 관성적인 수업에 의문을 제기하고 끊임없이 질문을 던졌던 시간이다.

모여서 교육서적을 읽고, 교사가 되고 학생이 되어 수업 시연을 해 보던 시간들이 켜켜이 쌓여 10년이 되었다.

해마다 학기 초가 되면 올해는 어떻게 공부를 할 것인지 계획을 세우는데, 올해는 10년이라는 상징성 때문인지 그 시간의 이야기를 담아 보자는 의견이 나왔다. 우리는 어떻게 만났고 무엇을 했는지 정리해 보자 했다. 우리 안에 차고 넘쳤던 이야기를 쓸어 모아 보자는 것, 카페에, 밴드에 쌓여 있는 기록들을 꺼내 털어 보자는 것, 날 것 그대로 글들이지만 모아 다듬는다면 우리뿐 아니라 다른 학습공동체에게도 도움이 되지 않을까 하는 의미도 부여하면서 말이다. 하지만 이미 협동학습과 관련한 이야기는 차고 넘친다. 내세울 만한 특별한 일을 하지 못했다며 주저함도 없지 않았다.

하지만 우리의 머뭇거림을 보며 교실 아이들을 생각했다.

아이들에게 쉽게 내뱉던 말 "해 봐! 시작이 중요한 거지! 너의 용기를 응원해!" 이 상투적인 말이 오늘 우리 연구회에 필요한 말이다.

누구에게든 처음의 서툼이 있다. 책 쓰기도 분명 어설픈 작업이 될 것이다. 10년이 넘은 만남이지만 처음인 듯 새롭게 마음을 먹는다. 오래되어서 편안해진 모임이 새로운 도전 앞에 용기를 낸다. 함께 손잡고 해 보자고 했을 때부터 우리는 이미 설레고 있다. 작지만 진솔하게, 대단하지 않지만 열정적으로 살아왔던 우리 10년의 역사를 묶는다.

목차

Prologue … 4

1장 협동학습을 만나다

가. 만나다, 협동학습 … 8
나. 모이다, 사람들 … 11

2장 협동학습을 배우다

가. 아하! 협동학습의 원리 … 19
나. 프로 교사 검은 띠! 협동학습 구조 … 22

3장 협동학습, 교실 문을 열다

가. '함께' 빚어낸 공동 수업지도안 … 51

4장 협동학습으로 물들다

가. 온작품 읽기로 스며드는 협동학습 … 71
나. 영어로 꽃피우는 협동학습 … 123

5장 협동학습, 계속되다

가. 아직도 협동학습? … 145
나. 여전히 협동학습! … 147
다. 코로나에도 타올랐던 작은 불꽃 … 174
라. 떠나지 못하는 사람들 … 179

포협 10년을 함께하며… … 181
Epilogue … 188

1장

협동학습을 만나다

가. 만나다, 협동학습

시작은 2013년,

그해 1월 교육청 직무연수는 그동안 받았던 연수와 다른 것이 몇 가지 있었다.

첫째는 경주 더케이호텔에서 숙박형으로 진행된 점이다. (지금은 교장선생님이 되신 권석광 연구사님의 제안으로 시작된 혁신적 연수 프로그램으로 연수원에서조차 엄청난 시도였다는 건 나중에 알게 되었다.) 교육청연수원에 출퇴근하며 모이던 연수를 숙박형으로 바꾸어 아침부터 잠들기까지 오롯이 연수에만 푹 잠겨 보라는 의도였다고 한다.

둘째는 연수가 끝나는 마지막 날, 각 지역별 모임을 만드는 것이 연수 시간에 포함되어 있었다는 점이다.

연수를 받고 돌아가면 처음만 반짝 실천할 뿐 금세 시들어 버리고 마는데, 함께 연수를 받았던 교사들끼리 공동체를 만들면 계속 유지하는 힘이 있다는 것이었다. 덕분에 포협이 조직되었고 그 후 교육청의 지속적인 지원으로 지금까지 올 수 있었다.

셋째, 온전한 주제형 연수였다. 지금까지 교육청 연수는 주제 하나에 5~6시간 정도의 뷔페식 연수였다. 강사들도 대체로 이론가나 관료들이었다. 그런데 이번 연수는 이론을 가르쳐 주는 교수, 10년 가까이 현장에서 실천한 베테랑 교사, 연수 후 1년 차 실천 교사 강의까지 5일 내내 협동학습의 이론과 실천에 대해, 그리고 협동학습의 이상과 현실을 가감 없이 보여 주었다.

지금 생각해도 협동학습 연수와의 만남은 교직 생활에서 가장 의미 있는 만남이 아니었나 싶다. 현재는 서울내부공모형 교장으로 계시는 이상우 선생님의 '협동학습의 이론과 실제' 연수는 그동안의 수업과 학급 운영에 대한 얼어붙은 생각을 깨는 도끼 같은 역할을 했다. 한국적 협동학습에 대한 철학과 가치는 이후 수업을 바라보는 시각이 완전히 바뀌게 하였다.

지식만 뛰어난 인재를 배출했다가 온갖 사회적 문제가 되고 있다.

이것은 우리의 문제이자 세계가 품고 있는 교육 문제이다. 다른 나라의 각종 교육 이론들을 그대로 가져올 것이 아니라 우리나라 현실에 맞는 우리 교육이 필요한 때다. 나만의, 나에게 맞는 협동학습을 만들어야 한다. 케이건을 뛰어넘는 협동학습을 만들어야 한다. 방법론에 집착하지 말고 교육의 본질을 꿰뚫어야 한다.

선생님 스스로도 PPT 화면 하나 없이 오로지 입말로만 설명하셨는데, 같은 하늘 아래 같은 교사인데, 이분은 그동안 어떤 인생을 사셨기에 이게 가능하단 말이며 또 우리는 어떻게 살았기에 이리 무지하단 말인가? 한탄을 하며 밤새 이야기를 했다. 연수가 거듭될수록 좋기도 했지만 속상했다. '협동학습이 전국을 강타할 동안 우리는 무엇을 하고 있었나? 우리는 왜 협동학습을 모른 채 10년을 넘게 살았나?' 하는 안타까움이 밀려왔다. 그동안 학급 운영 철학이나 시스템이 없었기에 교사의 카리스마에 기대어 학급을 운영하거나 임기응변 식으로 문제를 해결하고 있었기에 이날의 연수는 마른 땅의 단비처럼 그렇게 속이 시원할 수가 없었다. 개학이 빨리 오기를 그렇게 기다려 본 적도 없었으리라. 보고 배운 것이 없었다는 자책은 이후 다른 연수를 쫓아다니게 한 계기가 되었고, 협동학습을 더 깊이 이해하기 위해 퇴근 후에도 한 자리에 모여 공부를 하는 원동력이 되었다.

지금은 교육청별 연수가 참 많아졌다. 주제별 연수도 많이 생겼고, 생애주기별 연수도 많아졌다. 그런데 여전히 현장과 거리가 먼 학자 중심, 이론 중심 연수가 많지 않은지 짚어 보았으면 한다. 수업 현장은 이론도 중요하지만 실제적인 교단에서 검증된 실천가들의 이야기가 더 도움이 된다. 교육현장을 묵묵히 지키는 무림의 고수 같은 수업 베테랑들이 많다. 아이들에게 사랑받으며 수업을 칼질하는 현장 전문가들을 다양한 연수를 통해 만나고 싶다.

(덧. 10년이 넘도록 매해 300시간 가까이 연수를 쫓아다녔다. 해마다 변하는 학교 상황과 힘든 아이들 지도에 왕도가 없기에 배움을 멈추지 못했다. 그러나 코로나 이후 배움이 식상해졌다. 온라인 연수가 많아지기도 했고, 교육청에서 법정 의무가 연수가 많아져서 할 수 없이 연수 시수를 채우느라 시간을 허비하기도 한다. 의무 연수가 많아질수록 연수의 질은 떨어지고 효과는 미미해진다.

아이들에게도 교육을 강제할 때 배움의 즐거움이 사라져 진실한 교육이 일어나지 않는 것과 같다. 현장에 필요한 내용은 돈을 들이고 시간을 들여서라도 배우는 사람이 교사다. 좋은 연수가 없을 뿐이지, 좋은 연수라면 스스로 찾아서 줄을 설 텐데, 쓸데없는 연수로 등짐을 지우고 무릎을 꿇리는 교육 정책이 아쉬울 뿐이다.

신규교사들이 배움의 즐거움을 만나도록 양질의 연수가 많아지길 바라 본다.)

나. 모이다, 사람들

연수를 마치고 연구회를 조직했다. 모임은 순수한 학습공동체였다. 학교에도 동학년이 있고, 친목회가 있는데 뭐하러 퇴근 후 모임을 가져야 하나 의아해하는 사람들도 있었다. 교육에 대한 불평이나 어려움을 이야기하는 것이 아닌, 교육이 나아갈 방향을 제시하고 교사의 마음을 채우는 모임이었다. 성장과 배움의 욕구로 모였기에 대화의 주제가 달랐다.

모임이 시작된 2013년엔 20여 명의 교사가 모여 수업을 연구하고 배우며 실천사례를 나누었다. 2주에 한 번씩 모이는 장소는 회원 학교의 형편에 따라 도서관이 되기도 하고, 교실이 되기도 했다. 포항의 끝과 끝을 달려오는 선생님도 계시고, 인근 경주시에서도 오는 선생님도 계셨다. 퇴근해서 쉬고 싶은 마음을 억누르고 이 모임을 참석한 동기는 무엇일까?

교사를 학습공동체로 이끄는 매력은 수업이다. 교사는 수업을 잘하고 싶은 욕구가 가장 크다. 수업에서 교사의 효능감이 살아날 때 교사의 정체성이 세워진다. 학교 안에서 수업으로 에너지를 소진하고, 업무 등으로 교장, 교감, 동료들과 긴장 상태였던 선생님들은 연구회를 통해 충전을 하고 있었다.

모임 성격에 맞게 첫 해는 이상우 선생님의 『살아 있는 협동학습』을 읽었다. 협동학습에 대한 이론과 실천, 특히 한국적 협동학습에 대해 깊이 있는 논의를 했다. 엄선된 핵심 구조 40개를 나누어 각자 역할 배분을 했다.

미리 교실에서 실행 후 연구회 선생님들에게 발표를 하고 선생님들과 직접 실습도 했다. 항상 마주하는 학생이 아닌, 교사들에게 가르치는 것은 색다른 훈련이었다. 2주 뒤 실천한 내용으로 교실 수업 후기도 나누었다.

학년과 교과목과 학습 주제가 달랐기에 같은 구조를 배웠는데도, 선생님들이 교실에서 수업한 방법은 교사마다 달랐다. 교사가 교육과정이라는 말이 있듯 구조를 풀어내는 선생님의 접근 방법은 다채로운 수업을 보여 주었다. 함께 모이지 않았으면 몰랐을 집단 지성의 힘이었다.

2시간의 짧은 시간임에도 수업이 성장하는 힘을 느꼈다. 이 자리에 앉아 있기에 배운다는 충만감이 환경적 제약에도 불구하고 달려오게 하는 원동력이 되었다.

각 교실에 협동학습의 씨앗을 심고 가꾸고 열매를 맺는 모습을 함께 맛보는 즐거운 시간이었다. 배우는 자의 입장이 되어 보니 교사는 어땠으면 좋겠다는 이미지가 절로 떠오르게 되었다. 교사의 말투와 설명의 디테일함이 어느 수준이면 좋을지 스스로 생각하게 되었고, 학생들도 이런 부분에서는 이해가 어려울 것이고, 일방적 가르침이 아닌 대화식 수업이 왜 필요한지 체감하는 시간이었다.

이렇게 공부하고 실천하니 실력이 자라지 않을 수 없었다.

교사의 힘, 수업 근력을 채워 주는 시간이 쌓였다. 교사들을 대상으로 공개수업하는 기회가 쌓이다 보니 연구회를 통해 많은 선생님들이 '수업연구교사'에 지원했다.

수업을 바라보는 시각이 많이 달라졌다. 다양한 교사의 수업 스킬에 의존하는 일제식 수업을 지양하고, 아이들의 가능성을 믿고 스스로 성장하도록 안내자의 역할을 하는 교사가 되도록 하였다.

질문을 하고 교사가 답을 가르치는 것이 아닌, 질문에 질문을 연결하여 아이들 스스로 사고하도록 하며, 아이들끼리 협력을 통해 문제를 해결하도록 이끌었다. 배우는 과정이기에 언제든 틀릴 수 있다는 틀림에 대한 열린 마음을 강조하고 실패에 대한 두려움을 극복하도록 하였다. 공부를 못하는 아이도 쉬운 문제부터 해결하도록 모둠에서 돕도록 하였다. 한 명, 한 명이 성취감을 느끼고 기여에 대한 즐거움을 느낄 때 자존감은 세워지고 아이들은 미래에 대한 자신의 가능성을 보게 된다.

연구회를 통해 수업의 환희를 느꼈다는 P선생님의 성장 이야기를 들어 보자.

"교대를 졸업하고, 교실수업개선대회도 참여했지만, 솔직히 수업은 '어떻게 하면 아이들을 즐겁게 수업하도록 끌어갈까?'라는 일방적 보여 주기 식 수업이었습니다. 수업 철학에 대한 생각이 없었던 거죠. 포항협동학습연구회를 통해 살아 있는 수업에 대한 진지한 고찰을 하게 되었습니다. 교사 혼자만의 일방적인 수업이 아닌, 어떻게 하면 배움의 기쁨을 이끌어 낼까 고민하는 교사, 함께 길을 찾는 교사가 되었습니다."

그러나 모인 대부분의 교사들이 연구회 경험이 없었다. 경험이 없었기에 우당탕탕 온갖 것을 시도해 볼 뿐이었다. 그래도 뭔가 되고 있고, 사람들이 모여 좋다, 좋다 하니 가슴이 벅찰 뿐이었다.

결국 교사는 수업 이야기를 할 때 가장 반짝였다. 교사를 전문가로 성장시키고, 변화하는 환경에 두려움을 없애며 교실이 행복하도록 돕는 최고의 무기는 수업 전문가가 되는 것이다. 교사에게 수업은 발을 디디고 서 있을 수 있는 두 다리 역할을 한다. 다리의 힘이 없으면 나아가지 못한다. 작은 바람에도 넘어진다.

수업이 살아 있어 활력을 주지 못하면 다른 것들이 아무리 화려하더라도 교사의 효능감은 떨어진다.

배움에 불타오르는 아이들의 눈빛, 그 빛과 빛을 교환하며 사는 것이 교사의 생명을 유지시키는 것이다.

수업을 한 뒤 나누는 수업 이야기는 자신을 돌아보지 못한 성찰의 눈을 열게 하였다. 수업은 휘발성이 강하다. 한번 하고 나면 돌아볼 시간이 없다. 직접 수업한 교사도 나의 수업 문제가 무엇인지 모를 때가 많다. 연구회의 힘은 여기서 나온다. 교사가 가진 강점과 약점이 무엇인지, 수업을 보고 나누며 각 교사가 원하는 이상적인 수업을 찾도록 각성시키는 모임, 이것이 교사공동체의 역할이다.

교사의 살아온 이야기, 배경, 가치관, 신념, 철학 등 규명할 수 없지만 수업 나눔에서 자연스럽게 이야기되는 것들은 나와 다른 이들의 생각들과 만나며 조금씩 수정되고 변화되며 점차 나만의 브랜드 있는 수업을 만들어 갔다.

이상우 선생님의 『살아 있는 협동학습』, 『Jacob의 아하! 협동학습』, 『파커 파머의 가르칠 수 있는 용기』 등의 책은 초창기 연구회의 이론을 정립하고 실천하는 데 큰 도움을 주었다. 한쪽을 소리 내어 읽으며 밑줄을 긋고 나눔을 했다. 이해한 대로 교실수업에 적용했다. 즐거워하는 아이들 모습에 흐뭇한 미소를 지으며 협동학습의 효율성을 체감하였다. 협동학습을 배우고자 하는 이들이 더 많이 문을 두드렸다.

협동학습을 아이들이 살아가는 능력으로 길러야 한다는 목표점을 갖고 아이들끼리, 아이와 교사와의 관계에서 소통 능력을 기르기 위해 부단히 노력했다.

소통능력은 배우는 것이 아니라 교사의 모델링이 필요하다. 함께 공부하며 상대의 의견을 경청하는 훈련을 했고, 교실에서도 적용했다. 이때까지만 해도 교사의 권위에 기대어 수업을 운영하는 경우가 많았는데, 학습 속에서도 아이들끼리 대화를 통해 배움을 얻도록 하는 학습 방법은 아이들에게 즐거움과 성취 모두를 가지고 오게 했다.

경쟁하는 사회시스템이 만든 많은 교육 요소를 없애기 위해 노력했다. 경쟁이 가져오는 단기간의 효율에 비해 경쟁에서 낙오된 아이들이 받는 자존감의 상처는 결국 학생의 삶에 대한 희망을 무너뜨릴 때가 많다. 모두가 경쟁에 매몰될 때 승리자는 아무도 없다. 당근과 채찍이라는 아이들을 길들여 공부시키는 것이 아니라 협동학습을 통해 협력과 소통의 재미를 느끼게 하고 자기의 지식을 나눔으로 기여의 행복을 느끼게 하면, 자연스럽게 학습 동기가 생기고 배움을 찾아가게 된다.

30년 가까이 교직에 있으며 느낀 건 아이들이 내가 소속된 학급을 사랑할 때 도덕성은 더 높아지며 잘하고자 하는 의욕은 더 강해지고 성실성도 배가 된다.

"괜찮아!", "내가 할게"의 말이 넘치는 교실에서 아이들은 안정감을 느낀다. 배움은 두려움과 함께 춤출 수 없다는 말이 있듯, 아이들은 안전한 교실에서 잘 배운다.

다음은 협동적 학급경영을 실천한 C선생님의 이야기다.

"우리 반은 전담선생님, 보건선생님들이 하나같이 칭찬해 마지않는 반이었습니다. 수업 시간에 학습의욕이 넘치고, 서로서로 격려하는 분위기였습니다. 이 반의 선생님이라는 것이 자랑스러웠습니다. 동료 교사의 자녀가 우리 반에 있었는데, '선생님이 하는 협동학습이라면 정말 배우고 싶어요'라고 할 정도로 학교 내 교사들에게 인정을 받았습니다.

그해는 6학년이었는데 양옆 반에서는 학교폭력, 교권침해, 커닝 사건으로 교사 고발, 학생들의 교사 수업 거부 운동 등의 사건, 사고가 끊이지 않았는데, 우리 반에서만 아무 사고도 없을 뿐 아니라, 다양한 행사나 학급의 사소한 갈등에서도 협동심과 배려심이 빛이 나는 일이 많았지요. 학기 초부터 '하나는 모두를 위해, 모두는 하나를 위해'를 강조하며 모두를 위한 학급 규칙과 사회적 기술의 중요성을 실천했는데, 그 효과를 보는 것 같아 무척 뿌듯한 해였습니다.

협동학습 연수와 연구회를 통해 배운 모둠 세우기, 학급 세우기를 곧이곧대로 꾸준히 실천했습니다. 제가 너무 좋아 그냥 협동학습에 푹 빠져 살았죠. 어린 묘목의 성장이 빨리 느껴지듯 처음 실천한 협동학습을 교과서처럼 실천해 나갔더니, 아이들의 변화가 눈앞에 그대로 펼쳐지는 감동을 체험했지요."

눈덩이 뭉치기가 처음만 어렵지, 나중에는 조금만 굴려도 눈덩이가 커지듯 2학기가 갈수록 더 진가를 발휘해 아이들도 교사도 편안하고 행복한 학기를 보낸다는 게 연구회 선생님들의 공통된 의견이었다.

협동학습 실천교실은 아기 발걸음처럼 더디 걸었지만 분명 나아가고 있었다. 협동학습은 학교마다 바람을 일으켰다. 다른 교육청에 비해 늦었지만 지역 교육지원청에서도 협동학습

주제로 연수를 많이 진행했다. 협동학습을 앞서 했던 분들의 연수를 지역과 거리를 가리지 않고 찾아다녔다.

그러는 와중 아직 초보인 우리에게 실천 내용을 나누어 달라는 강의 요청을 받았다. 아마 1년 차 교사들의 어설픔 속에서도 실천 의지에 대한 사기 고양 차원이지 않았나 싶다.

강의 준비는 공동체가 함께했다. 첫 강의에 대한 설렘과 두려움으로 역할극으로 강의 연습도 했다. 덕분에 더 자주 모여 공부했고 교실 적용도 더 맹렬하게 했다. 강의를 준비하며 연구회는 더 단단하고 성숙하게 익어 갔고, 공동체성도 더 견고해지는 계기가 되었다.

협동학습 관련 책뿐 아니라 사토마나부의 배움의 공동체 수업 이야기, 온정덕 교수의 이해중심교육과정, 박태호 교수의 PCK 수업 설계, 한국협동학습연구회 협동학습 심화과정, 김대권 선생님의 협동학습 실제 등 다양한 교수님과 선생님을 모시고 협동학습뿐 아니라 수업 철학과 교육 과정에 깊이를 더해 갔다.

배움은 신념을 만들었다. 프레네의 말처럼 "협동이 없는 교실은 죽은 교실이다"라는 신념으로 협동학습을 기반으로 아이들의 배움에 더 다가가기 위해 교사들도 배움을 멈출 수 없었다. 학생 활동 중심의 수업을 통해 아이들이 배움이 성숙하도록 도와야 한다는 확고한 신념은 수업 나누기를 더 하게 했고, 협동학습 공부에 더 매진하는 시간이 되었다.

이후로 신규교사 연수, 1정 자격연수, 집합컨텐츠 개발, 학교컨설팅 등 외부로 강의를 나감과 동시에 내적으로도 더 다양한 주제의 연수도 진행했다.

2장

협동학습을 배우다

협동학습은 꿀에 비유할 수 있다.
협동 정신은 학급이 인심공체가 되도록 도와주고
학급을 달콤하고 모든 사람이 머물고 싶어 하는 곳으로 만들어 주기 때문이다.
- George M. Jacobs 외 2인, 『Jacob의 아하! 협동학습』 중에서

협동학습은 왜, 어떻게 시작해야 할까? 협동학습을 꿀에 비유하며 학급을 달콤하고 머물고 싶은 곳으로 만들어 준다고 하는 제이콥 박사의 말은 협동학습을 왜 시작해야 하는지의 답이라고 생각한다. 그럼, 어떻게 시작할까? 질문의 답은 어디에서 찾을 수 있을까? 그 질문의 답은 협동학습의 원리에서 찾을 수 있다고 생각하여 포협은 협동학습의 4원리인 **긍**정적인 상호 의존, **개**인적인 책임, **동**등한 참여, **동**시다발적인 상호작용을 수업과 학급 경영의 원리로 중심에 두고 수업과 학습 활동에 긍개동동의 원리를 구현하고자 연구하고 실천하려고 노력해 왔다. 그런데 경쟁의 가치가 뼛속 깊이 새겨져 있는 우리들이 협동학습을 구현하는 일이 쉽지 않았고 늘 흔들렸다. 그런 우리들도 포협이라는 공동체에서 수업과 학급 경영을 함께 연구하고 나눔으로써 어느새 협동은 학습의 방식이 되고 학습의 내용이 되고 마침내 학습의 가치가 되어 '협동은 학생들이 더 잘 배우고 더 많이 배우며 더 즐겁게 배운다'라고 확신하게 되었다. 그리고 협동할 수 있는 용기와 지혜를 협동학습의 원리 속에서 찾고 있다. 그럼 포협 공동체에서 함께 구현하고자 노력했던 협동학습 긍개동동의 원리를 살펴보자.

가. 아하! 협동학습의 원리

1) 긍정적인 상호의존!

협동학습의 첫 원리, 찬란하고 놀라운 원리를 만났다. 또래 가르치기, 가르치며 배우기…
'배움은 개인적인 노력의 성취'라는 생각을 전복시킨다. 혼자서 듣고 이해하는 학습보다 지식
과 생각을 공유하며 설명하고 제안하고 질문하는 학습이 더 잘 배우고 가치 있으며 포스트 코
로나 시대의 문제를 해결하는 데 필요하다고 생각한다. 서로에게 설명하는 상호작용은 자신
이 무엇을 알고 모르는지 성찰이 일어나고, 알고 있었던 내용은 구조화하고 정교화함으로써
더욱 질적인 배움이 일어나는 과정이다. 또, 뛰어난 학습자에게나 느린 학습자에게나 설명하
고 듣는 배움 친구의 존재 가치도 여기에 있다고 할 수 있다. '협동학습은 기계적이다'라는 회
의적 시선에 대해서도 배움의 과정과 배움 친구의 존재 가치로 설득 가능하다고 생각한다. 그
러므로 긍정적인 상호의존의 원리가 어떤 원리들보다 학습의 내용과 활동을 계획하고 실현
하는 과정에서 가장 근본적인 원리가 될 때 협동학습이 원활하게 이루질 것이라고 생각한다.

또래 가르치기, 함께 배우기 등 배움 공동체로서 학교 교육의 의미를 되새길 수 있는 긍정
적인 상호의존의 원리는 교실에서 고립되어 있던 교사들에게 수업과 학급 운영의 어려움을
나누고 가르치는 지혜를 배우는 포협을 지탱해 온 원리이기도 하다. 교사에게도 긍정적인 상
호의존하는 공동체 경험과 배움이 필요하고 그러한 경험과 배움은 학급의 학생들에게 자연
스럽게 흘러가는 것은 아닐까 생각해 본다.

2) 개인적인 책임!

모둠 활동을 통해 사회의 단면을 볼 수 있다. 누구는 문제를 해결하기 위해 노력하나 누구는 집단에 편승하여 작은 노력으로 이익을 얻으려고 하기도 한다. 이러한 모습은 학습 활동 중 모둠 활동에서 찾을 수 있고 학습 활동과 교실 내 관계에서 부정적인 영향을 끼친다. 개인적인 책임은 이러한 부정적인 영향을 이해하고 풀어 가는 열쇠가 되어 준다. 학생은 자신의 생각을 말하고 설명하는 쓰고 그리는 활동을 함으로써 수업 활동이 개인적인 수행이 아니라 공적인 수행으로서 개인적인 책임 긍정적으로 원원할 수 있도록 하는 원리가 개인적인 책임이다. 개인적인 책임은 학습 활동을 개인적인 수행이 아닌 공적인 수행임을 일깨워 주는 원리이다.

끊임없는 자극과 다양한 상호작용이 일어나는 같은 수업 활동 속에서도 어떤 학생은 배우고 또 어떤 학생은 배우지 못한다. 모둠이나 학급 같은 집단 내 무임승차자나 일벌레를 경계하기 위한 원리라고만 생각했으나 배움과 성장을 위한 선택을 위한 초대장 같은 원리라는 생각을 한다. 짝 활동이나 모둠 활동에서 크든 작든 주어진 역할에 참여하며 서로에게 배우고 더 크게 성장할 수 있는 공적인 수행의 경험을 할 수 있도록 하는 원리이다. 모둠에 기여한 크기와 양으로 무임승차자나 일벌레라고 하여 모둠 활동을 부정적으로 볼 것이 아니라 개인적인 책임을 구현하며 배움의 크기와 양을 스스로 선택할 수 있도록 해야 한다.

개인적인 책임은 사회적 관계 속에서 구현된다. 모둠 세우기나 학급 세우기를 강조하는 이유는 친밀한 사회적 관계 속에서 자신의 역할을 잘해 내려는 내적 동기가 더욱 생겨나기 때문이기도 하다. 즉, 친밀한 사회적 관계는 '개인적인 책임'을 다하며 배움이 깊어지는 바탕이 된다. 그러므로 협동적 학급 경영은 필요하다.

3) 동등한 참여!

일타강사의 화려함으로 공교육 교사들은 박탈감이 심한 요즘이다. 과연… 일타강사의 화려한 수업 속에 학생은 어떻게 참여하고 있는가 하는 의문이 든다. '동등한 참여'라는 원리는 꽤 철학적이다. 협동학습은 모든 학습자가 참여하는 과정을 강조하며, 기본 지식을 습득하든, 사고력을 요하는 문제 해결의 과정이든, 토론의 과정이든 모든 학습자가 참여할 수 있도록 구조적으로 돕는다. 놀이가 그러하듯이… 협동학습은 놀이처럼 모두가 동등하게 참여할 수 있도록 기회와 역할을 주는 학습 활동이 이루어지도록 한다.

포협의 시작과 운영도 중심은 되는 누군가는 없었다. 유명한 강사나 권위자 없이 모두가 중심이 되고 동등하게 참여하여 연결되고 함께 연구하고 모두의 수업을 열어 공개하며 모두 다 배우고 성장하였다.

4) 동시다발적인 상호작용!

수업 장면을 떠올릴 때 교사가 주도적으로 설명하거나 한 명의 학생이 답을 하는 순차적 상호작용이 생각나는 것은 일반적이다. 이러한 수업 장면에서는 다양한 상호작용을 경험하기 어렵다. 교사-학생, 학생-학생, 학생-소집단, 학생-대집단 등 다양한 상호작용의 형태와 학생이 활동에 실제적으로 참여하는 양과 질을 고려해 볼 때 동시다발적인 상호작용은 매우 의미 있는 원리라고 생각한다. 학생들은 자신의 생각을 말로 표현하면서 스스로의 이해도를 높이고 상대방의 생각과 피드백을 들으면서 생각을 더욱 정교화할 수 있다. 그러므로 학생들이 생각을 보다 더 많이, 더 자주 표현할 수 있도

록 하는 상호작용의 장으로서의 협동학습은 장려할 만하다. 물론, 교실이 소란스러워지기도 하고, 상호작용을 위한 사회적 기술이 부족하여 모둠 활동이 제대로 이뤄지지 않기도 하고, 오류적인 생각과 정보를 공유하는 등의 여러 우려들에 대한 인내심과 통찰이 필요한 것도 사실이다. 그러나 동시다발적인 상호작용을 활용한 수업에서 학생들은 자신의 생각을 표현하고 서로를 더 많이 돕는 기회를 얻어 더욱 실제적으로 참여하게 된다.

나. 프로 교사 검은 띠! 협동학습 구조

초창기 포협에서는 협동학습 구조를 함께 익히고 수업에 어떻게 적용할지에 대한 연구가 활발하게 일어났다. 우코야마 요이치 선생의 프로 교사 검은 띠 6조건 중 제1조건은 우수 교육기술, 방법을 100가지 체득하는 것이라고 한다. 프로 교사 검은 띠를 얻기 위한 첫 조건이 교육 기술을 다양하게 체득하는 것이라면 협동학습 구조를 연구하며 출발했던 포협은 프로 교사가 되는 길로 향하고 있었다.

2013년부터 5~6년 동안은 포협은 한 달에 2번씩 모여 협동학습의 다양한 구조들을 책과 연수를 통해 익혀 서로 소개하고 교실에서 실현된 모습과 교실에 잘 적용하기 위한 팁을 나누었다. 어떤 교과나 주제에 쓰면 좋을지나 적용의 오류 등을 연구하며 좋은 수업을 위한 열정으로 뜨거웠다. 그런 중에 2015년에는 경북교육연수원 주관 초등강사요원 역량 강화연수를 위한 초등집합연수콘텐츠(협동학습 길라잡이)를 개발하고 초등강사요원 역량강화연수에도 강사로 참가하였다. 물론 연구 공동체로서 함께 준비하고 개발하여 전달하는 과정이었다. 다음은 포협에서 개발했던 연수 콘텐츠를 참고 및 발췌하여 정리하였다.

협동학습 활동은 교실에서 구체적으로 협동학습을 실현하는 도구이다. 학자에 따라 협동학습 활동을 다양하게 표현한다. 케이건 박사는 구조화된 협동학습 기법을 구조라고 말하고, 제이콥스 박사는 기술(테크닉)이라고 말한다. 어떤 목적에 따라 정교하게 수업 디자인을 한 것을 수업모형이라고 한다.

구조중심 협동학습의 경우, 구조가 150여 개가 개발되었다. 생각 짝 나누기, 플래시 카드게임, 하나 가고 셋 남기, 가치 수직선 등이 여기에 해당한다. 또한 직소(JIGSAW), 모둠 성취 모형(STAD) 등 협동학습 모형으로 개발된 것이 20여 가지가 넘는다. 다양한 협동학습 활동을 알고 교실에서 활용할 수 있다면 좀 더 풍성한 협동학습을 경험할 수 있다. 교과의 특성이나 학생 학습 수준, 그리고 발달 단계에 따라 적절한 활동을 활용하면 좋을 것이다.

1) 의사소통 구조

의사소통은 사람의 생각이나 감정이 서로 통하는 것을 말한다. 그리고 인간이 사회생활을 하기 위해서 가장 필수적으로 가지고 있어야 하는 능력이다. 생각과 감정이 통하도록 하는 활동을 수업 속에서 구현하여 학생들의 의사소통능력을 향상시키는 활동을 의사소통 구조라고 한다.

의사소통 향상을 위한 구조에는 세 종류가 있다.

먼저, **의사소통조절 기능을 가진 구조이다.** 동등한 발언과 참여를 하도록 유도하는 활동으로 말하기 카드, 다시 말하기 카드 등이 있다.

둘째, **효과적인 의사결정 기능을 가진 구조이다.**

하나 둘 셋, 동전 내놓기, 결정흐름차트, 의사결정좌표 등이 있는데 모둠이 의사결정을 내리는 데 도움을 준다. 마지막으로 의사소통 기능을 향상시킬 수 있는 구조로 듣고 그리기나 같은 점 다른 점 찾기, 짝 대신 말하기 등이 있다.

학생들의 의사소통이 자연스럽게 이루어지지 않을 때 협동학습 활동은 잘 진행되지 않는다. 의사소통구조는 자연스럽게 의사소통의 경험을 할 수 있는 기회를 주어 의사소통 능력을 향상시켜 다른 구조를 적용하는 데 도움을 주는 구조이다.

※ 구조 적용 사례는 포협의 연구 활동으로 교실에 적용 후 얻는 결과들이다.

① 듣고 그리기 (의사소통능력 향상 구조)

한 사람이 그림에 대하여 설명하면 나머지 모둠원들이 들은 내용을 토대로 그림을 그리는 구조이다. 구체적으로 묘사하기와 상상하기 등의 능력을 기를 수 있다. 학생 상호 간의 의사소통 기술을 증진시킬 수 있다.

- 준비물: 대표 이미지
- 자리 배치: 4명 1모둠
- 활동 순서
  1) 교사가 모둠 대표 학생에게 한 장의 이미지(그림이나 사진, 도표 그래프 등) 종이를 나누어 준다.
  2) 모둠 대표 학생이 이미지에 대하여 말로만 설명한다.
  3) 나머지 모둠원들이 들은 내용을 토대로 이미지를 그린다.
  4) 원래 이미지를 보여 주고 비교하여 원래 이미지와 비슷하게 그린 모둠에게 교사가 모둠 보상을 한다.
- 구조 적용 Tip!
  1) 설명하는 과정에서 다른 모둠원들이 질문을 하지 않도록 한다. 오로지 설명을 들은 내용으로만 이미지를 그리도록 한다.
  2) 듣고 그리기는 일방통행이지만 쌍방통행 방식으로도 활용할 수 있다. 모둠대표에게 나머지 모둠원들이 말로써 질문이나 확인을 하도록 하는 것이다. 일방통행에 비해 복잡한 이미지를 활용할 때 좋은 방법이다.
- 구조 적용 사례
  1) 모둠 세우기 활동을 할 때 활용 가능하다.
  2) 중요한 이미지를 각인시키려고 할 때 좋다.
  3) 과학과 - 기초탐구 활동 중 의사소통 능력 기르기에 적용 가능
  4) 수학과 3학년 - 평면도형: 밀기, 뒤집기, 돌리기로 설명하기
    - 분수와 소수: 똑같이 나누기(그리기) 설명하기
  5) 사회과 3학년 - 위치 나타내기(앞, 뒤, 왼쪽, 오른쪽 등으로)

② 결정흐름차트(의사결정 구조)

어떤 사안에 대한 의사를 결정해야 할 상황에 사용하기 좋은 구조이다. 여러 항목에 대한 장점과 단점을 다양하게 뽑아내어 기록, 정리한 다음 가장 좋은 항목으로 의사 결정하는 데 도움을 주며 투표나 특별한 도구 없이 문제 해결 과정에 대한 흐름을 읽을 수 있다는 장점이 있다.

- 준비물: 결정해야 할 토의 주제, 결정흐름차트 학습지
- 자리 배치: 4명 1모둠
- 활동 순서
  1) 교사는 토의해야 할 문제를 제시한다.
  2) 학생들은 문제와 항목을 차트에 기록한다.
  3) 학생들은 서로 토의하여 각 항목에 장단점을 기록한다.
  4) 가장 좋은 항목(단점이 적으면서 장점이 많은 항목)을 선택한다.
  5) 특별한 이견이 없는 한 모두가 결정에 따르는 것을 원칙으로 한다.
- 구조 적용 Tip!
  1) 어떤 쪽으로 결론이 나도 모두가 반드시 결정에 따라야 한다는 사전 약속이 반드시 필요하다.
  2) 최종 결정을 할 때는 가장 단점이 적으면서도 단점이 가장 많은 항목이 좋다. 그런데 제시된 장점과 단점 각각의 비중이 서로 같지 않아서 최종 결정을 내리는 데 어려움이 있을 때는 분석하는 과정은 결정흐름차트를 이용하고 의사 결정할 때는 동전 내놓기를 활용하면 좋다.
- 구조 적용 사례
  1) 다양한 항목에 대하여 회의, 토의 등을 거쳐서 한 가지 방향으로 의사를 결정해야 할 상황이라면 이 구조를 활용하면 좋다.
  2) 현장학습 장소나 사회과 6학년 1학기 경제 단원 현명한 선택에서 활용할 수 있다.

③ 동전 내놓기(의사결정 구조)

모둠 안에서 의사결정을 해야 할 때 자신의 의사를 동전 내놓기로 표현한다. 빠른 시간 안에 여러 가지 대안들 중에서 모둠원들의 의견을 모아 하나의 대안을 선택할 수 있다. 모둠원 모두가 의사결정 과정에 동등하게 참여할 수 있다.

- 준비물: 결정해야 할 사항, 모의 동전
- 자리 배치: 4명 1모둠
- 활동 순서
  1) 교사가 어떤 의사를 결정해야 할 문제를 제시한다.
  2) 모둠원 각자가 대안을 하나씩 내고, 한 장의 종이에 기록한다.
  3) 돌아가며 말하기로 대안을 설명한다.
  4) 모둠원 각자가 동전을 꺼내 여러 가지 대안 중 가장 마음에 드는 대안 위에 동시다발적으로 동전을 올려놓는다.
  5) 가장 많은 동전이 올려 진 대안을 최종 모둠 의견으로 확정한다.
- 구조 적용 Tip!
  1) 여러 가지 대안 중 1개만 마음에 든다면 한 사람이 자기의 동전 모두를 한쪽에 모두

올려놓을 수 있다.

2) 동전이 준비되어 있지 못하면 작은 침이나 학용품(지우개 등)을 대용으로 활용할 수 있다.

3) 자기가 생각한 대안에만 동전을 올리는 것이 아니라 모둠원 모두가 제안한 대안들 중에서 선택할 수 있도록 한다.

- 구조 적용 사례

1) 모둠 이름을 정할 때 좋다.

2) 복수의 학습 과제 중 한 가지를 선택할 때 좋다.

3) 당번 정하기, 규칙 정하기 등 모둠 의견을 모아 간단하고 빠르게 의사 결정을 해야 할 때 활용할 수 있다.

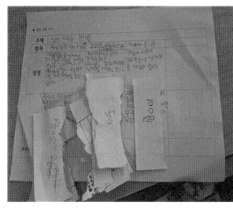 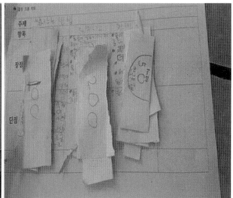

④ 다시 말하기 카드(의사소통조절 구조)

다른 모둠원이 이야기한 내용을 먼저 이야기하고 자기 이야기를 한다. 반복을 통하여 기억을 쉽게 할 수 있고 상대방 이야기를 경청하는 태도를 가질 수 있다. 자신의 생각을 상대방이 어떻게 듣는지 알게 되어서 의사소통 기술에 관한 힌트를 얻는다.

- 준비물: 다시 말하기 카드
- 자리 배치: 4명 1모둠

- 활동 순서
  1) 모둠 안에서 돌아가며 이야기한다.
  2) 자기 순서에서 이야기할 때 바로 앞에서 다른 사람이 이야기한 내용을 그대로 다시 말한 다음에 자기 이야기를 한다. ('시장에 가면 사과도 있고', '시장에 가면 사과도 있고 신발도 있고' 게임과 유사)
- 구조 적용 Tip!
  1) 모둠 안에서 다시 말하기를 할 때에는 다시 말하기기 잘 이루어지는지 교사가 확인해 주는 것이 필요하다.
  2) 다시 말하기 카드(여권)를 사용하거나 마이크(볼펜 등)를 돌려 가면서 덧붙여 말하기를 하면 효과적이다.
- 구조 적용 사례
  1) 학기 초 다른 친구들의 이름을 외울 때(학급 세우기)
  2) 경청하기를 의도적으로 가르치려고 할 때
  3) 생각을 많이 드러내게 하는 주제가 주어질 때 자신의 생각을 제대로 표현하고 있는지에 대한 점검이 필요할 때
  4) 과학: 여러 가지 곤충의 한 살이 비교할 때 앞사람이 장수풍뎅이의 한 살이를 말한 뒤 다음 사람은 사마귀의 한 살이를 이야기하기
  5) 단원 마무리 단계에서 복습 활동으로 활용

2) 암기숙달 구조

학습 내용을 충분히 익히고 암기하는 데 혼자가 아닌 협동하며 할 때 더욱 효과가 있도록 돕는 구조이다. 플래시 카드, 번호순으로, 짝 점검, 동심원, 문제 보내기, 하얀 거짓말, 4단계 복습, 순환 복습, OX 퀴즈 등이 있다.

장기 기억으로 저장하기 위해서나 지식을 사고력으로 전환하기 위해서는 알게 된 학습 내

용을 충분히 익히고 제대로 알고 있는지 점검하고 숙달되도록 익힐 필요가 있다. 기초학습력을 기르는 데 꼭 필요한 구조라고 할 수 있다. 예를 들어 '하얀 거짓말'이라는 구조는 알게 된 학습 내용을 비틀어 오답을 유도하는 문제를 만들 수 있어야 한다. '아하!' 하는 지점을 만들어 문제를 내고 답하는 과정에서 학습 정도를 점검하고 다시 익힐 수 있다.

불이 번쩍이며 정보가 제공될 때 글 기억이 오랫동안 남아 있는 원리를 이용한 '플래시 카드 게임', 개별적으로 문제를 해결하는 학습지의 따분함을 극복할 수 있고 서로 부족한 부분을 상호 보완·점검할 수 있는 '짝 점검', 다양한 유형의 문제에 답을 해 나가면서 지식을 습득하고 이해를 돕는 '퀴즈 퀴즈 트레이드'와 '문제 보내기', 학습한 것을 모둠별 협의를 통해 문제를 풀면서 형성평가가 이루어지도록 하는 '5단계 OX 퀴즈' 등의 여러 가지 구조들은 학습을 통해 습득해야 할 지식을 완벽하게 암기할 수 있도록 하는 데 사용된다. 이러한 암기숙달의 구조들은 기존의 모둠별 활동에서 부족했던 또래 가르치기와 지원, 동시다발적인 상호작용, 즉각적인 피드백, 동등한 참여 등의 기본 위에서 이루어진다.

암기숙달 구조들은 다양한 영역을 완벽하게 암기하는 데 사용되는 구조로 교과 내용과 기능 숙달에 효과적이다. 학생들의 이해도 점검이나 복습에 좋은 구조로, 학습에서 기본적으로 요구되는 암기를 도와준다. 그 과정에서 짝이나 모둠원을 통한 즉각적인 피드백과 칭찬이 가능하며, 성공의 기분을 맛볼 수 있고 자신감을 가질 수 있다. 단순한 암기 활동이기보다는 긍정적인 상호 작용을 통해 서로의 학습 상황을 진전시키며 학습한 내용을 익히고 완전학습을 꾀하는 데 사용된다.

① 플래시 카드

짝과 함께 서로 배우고 가르쳐 주며 교과 개념이나 지식을 익히거나 암기할 때 유용한 구조이다. 단순 암기가 아닌, 단기 기억을 살려 주는 활동과 설명을 하는 요소가 섞여 장기 기억으로 가게 되는 통로를 열어 주는 활동으로, 학생들은 공부라기보다는 게임을 한다는 느낌으로 학습하고, 관계를 통해 공부하는 좋은 기회를 만들어 줄 수 있다는 장점이 있다.

- 준비물: 플래시 카드(A형 문제카드, B형 문제카드)
- 자리 배치: 4명 1모둠
- 활동 순서

    1) 둘씩 짝을 짓도록 한 뒤 각각에게 플래시 카드를 나누어 준다.

    2) 짝에게 문제(카드 앞면)를 보여 주면 짝이 정답을 말한다.

    3) 답이 맞으면 짝을 칭찬해 준 후 해당 플래시 카드를 짝에게 준다. 알아맞히지 못하거나 틀리면 힌트를 주어 문제를 짝이 문제를 맞힐 수 있도록 한다. 그래도 알아맞히지 못하면 정답을 말해 준 후 그 카드를 카드 묶음 속에 넣어 두었다가 다시 풀 수 있는 기회를 준다.

    4) 짝이 플래시 카드를 모두 획득하였으면 동일한 방법으로 역할을 바꾸어 플래시 카드 게임을 한다.

- 구조 적용 Tip!

    1) 칭찬이나 힌트 주기 등 사회적 기술을 충분히 지도한 후 적용하면 좋다.

    2) 교사가 플래시 카드를 제작하는 데 시간과 노력이 필요하다. 하지만 고학년일 경우에는 학생들을 지도하여 학생들이 카드를 제작하도록 하면 부담이 줄어들 수 있다.

    3) 카드 뽑기, 순환 복습, 스피드 게임 등으로 다양하게 변형하여 활용할 수 있다.

    4) 형성 평가로 활용할 수 있다.

    5) 활동을 하고 난 후 플래시 카드를 모둠 사물함이나 일정한 장소에 보관해 두고, 아침 자습시간이나 쉬는 시간 또는 교수·학습 활동 시간에 사용할 수 있도록 안내하면 학생 스스로 카드를 활용하여 다양한 활동을 하게 된다.

- 구조 적용 사례

    1) 사회, 과학, 영어, 한자 익히기 등 기억 및 재생할 내용이 많은 경우

    2) 암기숙달을 필요로 하는 내용이 많은 단원의 정리 및 마무리 활동

② 짝 점검

한 장의 학습지에 한쪽 절반은 나의 과제, 다른 한쪽에는 상대방의 과제를 제시하여 둘씩 짝을 지어 서로 점검하며 한 장의 학습지를 풀어낼 수 있도록 고안된 학습 구조이다. 짝의 활동 과정 및 결과를 확인해 주고 나의 활동을 짝에게 설명하며 검증받는 과정을 통해 가르치며 배운다는 말이 실감나게 해 주는 장점이 있다.

- 준비물: 짝 점검 활동지, 타이머, 색깔펜
- 자리 배치: 2명
- 활동 순서
  1) 교사가 수업 내용에 대한 학습 문제지를 2인 1장으로 나누어 준다.
  2) 각자에게 주어진 학습 문제를 번갈아 푼다. 짝 중 한 학생이 문제를 푸는 동안 다른 사람은 이끔이가 되어 지켜보면서 필요하다면 도와준다.
  3) 이끔이는 짝의 답을 확인하고 정답일 경우 짝을 칭찬해 준다.
  4) 역할을 바꿔서 1~3단계를 반복한다.
  5) 문제를 모두 풀었을 때는 모둠이 함께 모여 답을 비교하고 모두의 의견이 일치하면 모둠 악수 혹은 모둠 구호를 외치며 축하한다.
- 구조 적용 Tip!
  1) 난이도가 그리 높지 않아야 효과적으로 짝 점검을 할 수 있다.
  2) 또래 가르치기 과정에서 다른 친구들에게 친절하게 설명하거나 적극적으로 설명하는 경우, 교사가 칭찬을 한다.
  3) 두 명의 의견이 같지 않을 때는 다른 모둠원들에게 물어본다. 한 모둠 전체가 의견이 다를 때 모둠원 전체가 손을 들어 교사에게 질문을 할 수 있게 한다.
- 구조 적용 사례
  1) 수학책의 익히기나 수학익힘책의 문제 풀이의 경우 별도로 문제지를 제작하지 않고 활용할 수 있다.

2) 암기, 숙달, 훈련, 반복 등을 필요로 하는 내용에 많이 활용된다.

3) 국어 교과서 읽기 활동 후 내용을 이해하는 과정에서도 교사가 미리 짝 점검을 위한 질문지를 만들어 제시하고 함께 해결하게 할 수도 있다.

③ 퀴즈 퀴즈 트레이드

주제에 대해 2명이 만나 서로 퀴즈를 내고 맞히기 활동을 한 후 문제카드를 서로 바꾸고 다른 친구를 만나 계속 활동하는 구조이다. 문제카드를 계속 바꾸면서 활동을 하게 되어 다양한 질문에 답을 할 수 있는 장점이 있다.

- 준비물: 문제카드(학생 수만큼), 타이머
- 자리 배치: 학급 전체
- 활동 순서

  1) 교사가 주제를 정해 주고 각자 퀴즈를 만든다.

  2) 친구와 만나 자신이 만든 퀴즈로 서로 묻고 답하기 활동을 한다.

  3) 각자가 가지고 있는 문제카드로 서로 묻고 답하기가 끝나면 상대 친구와 문제카드를 서로 바꾼다.

  4) 다른 친구를 만나 같은 방법으로 활동하되 반드시 카드를 바꾸어야 한다.

  5) 위의 활동을 반복하여 최대한 많은 친구들을 만나도록 한다.

- 구조 적용 Tip!

  1) 한 가지 주제에 대해 교사가 퀴즈를 만들어 줄 수도 있고 학생들이 직접 문제를 만들고 답까지 적도록 할 수도 있다.

  2) 학급 전체가 움직이는 구조이기 때문에 말할 때 최대한 소란스러워지지 않도록 하고, 친구와 만나고 헤어질 때 이끔말("반갑다 친구야", "고마웠어 친구야" 등)을 정하여 사회적 기술을 강조한다.

  3) 다양한 생각을 알아볼 수 있는 질문을 하도록 하면 사고력을 향상시킬 수 있고 후속

질문을 통해 깊이 있는 의견 제시도 할 수 있게 된다.

- 구조 적용 사례

    1) 과학 5학년: 우리의 몸을 주제로 문제 은행 같은 문항지 쪽지를 만들어 구조를 진행할 수 있다.

    2) 역사 단원에서 해당되는 지식을 문항 쪽지로 만들어 진행할 수 있다.

    3) 영어과에서 특정 일을 묻는 질문을 앞면에 적고, 뒷면에는 답을 적어서 카드를 작성한 후 구조를 진행할 수 있다.

    4) 국어과에서 글을 읽고, 글의 내용이나 인물의 성격 등을 묻는 질문 카드를 만들어 구조를 진행할 수 있다.

④ 문제 보내기

모둠별로 다른 모둠에서 만든 문제를 풀어 보는 활동이다. 다양한 문제 유형을 접하면서 학습한 내용에 대한 완벽한 이해가 가능해지고 보다 다양한 문제 해결력을 기르는 데 효과적인 구조이다.

- 준비물: 문제 작성용 플래시 카드 혹은 활동지, 타이머, 색깔펜, 모둠 칠판 등
- 자리 배치: 4명 1모둠
- 활동 순서

1) 모둠 내 각 학생이 복습 문제를 만들고 플래시 카드에 적는다.

2) 각 문제의 저자는 모둠원들에게 문제를 보여 주고, 모두 그 문제가 좋다고 하면 카드 뒤에 답을 적는다. 모두 동의할 때까지 문제를 수정한다.

3) 모둠원들끼리 문제를 검토하고 난 뒤 다른 모둠으로 문제 묶음을 보낸다.

4) 문제 묶음을 받으면 중앙에 문제 묶음을 놓고 1번 학생이 첫 번째 문제를 읽고 모두가 동시에 답을 말하거나 써서 확인한다.

5) 각 모둠의 2번, 3번, 4번 학생이 4단계 과정을 반복한다.

6) 각 모둠별로 활동이 모두 끝나면 카드 묶음은 다음 모둠으로 보낸다.

7) 앞의 4~6단계를 반복한다.

- 구조 적용 Tip!

  1) 동시에 시작하고 동시에 다른 모둠으로 넘길 수 있도록 동시 시작, 동시 멈춤, 동시 이동 등을 다양한 신호를 통해 조절해야 한다.

  2) 학생 스스로 문제를 내도록 할 때에는 출제 범위를 나누어 중복을 막거나 모둠별로 토의를 통해 좋은 문제를 선정할 수 있도록 한다.

  3) 문제를 풀 때 어느 한 명의 학생이 주도해 나갈 수 있으므로 대비책이 필요하다. (문제 카드는 가운데 놓고 개인 칠판에 답을 쓴 뒤 동시에 들어서 확인하거나 카드 뽑기 구조를 적용하여 한 문제씩 순서대로 풀고 답하고 확인하기 등)

- 구조 적용 사례

  1) 수학시간에 학습한 내용을 반복하여 훈련하고자 할 때 많이 활용한다.

  2) 사회나 과학 등 다양한 교과 속에서 내용의 이해, 기억, 용어의 정리, 사건이나 사실의 정리 및 이해가 필요한 활동에서 1차 설명 후 이해 활동이 끝나고 나서 점검하고자 할 때 활용한다.

  3) 소주제나 단원 학습을 마무리하고 나서 소주제나 단원 정리 차원에서 활용한다.

3) 정보교환 구조

정보교환 구조는 개인이나 집단이 가지고 있는 지식이나 정보를 나누고 공유하는 구조이다. 또래 가르치기의 기본 구조라고 할 수 있다. 협동학습에서의 정보교환 구조는 개인이나 집단이 가진 지식이나 정보를 단순히 나누는 것에 그치지 않고 효과적으로 공유할 수 있도록 도와주는 구조이다.

정보교환 구조는 모둠 내 정보교환 방식으로 동시다발적으로 돌아가며 쓰기, 3단계 인터뷰, 돌아가며 말하기, 모둠 내 과제 분담 등이 있고 모둠 간 정보교환 방식으로 하나 주고 하나받기, 셋 가고 하나 남기, 칠판 나누기 등이 있다.

① 3단계 인터뷰

모둠원들이 정해진 순서에 따라 짝을 지어 인터뷰를 하고, 인터뷰한 내용을 번호 순서에 따라 돌아가며 말하기 구조를 이용하여 모둠 내에서 서로 나눌 수 있도록 만들어진 구조이다. 자신이 알고 있는 것을 바탕으로 다른 사람에게 그것을 설명할 수 있는 능력을 길러 주고 서로 정보를 교환할 수 있도록 해 주는 데 도움을 주며, 관심 분야에 대해 더 학습할 수 있도록 예상 가능한 상황을 만들어 주거나 한 가지 주제에 대해 개인적인 경험을 나누는 데 유용하다.

- 준비물: 단계 인터뷰 활동지, 타이머, 2명당 모둠 마이크 한 개
- 자리 배치: 4명 1모둠
- 활동 순서

  1) 어깨짝(혹은 얼굴짝)끼리 짝을 짓는다. (1번과 2번, 3번과 4번)

  2) 한 사람은 인터뷰를 하는 사람이 되고 다른 한 명은 인터뷰를 받는 사람이 된다.

  3) 인터뷰를 시작하기 전에 주어진 활동지의 질문에 대하여 잠시 혼자 생각할 시간을 갖도록 한다.

  4) 인터뷰 1단계: 1번이 자신의 어깨짝인 2번을, 3번이 자신의 어깨짝인 4번을 동시에 인

터뷰하고, 그 내용을 활동지에 메모해 둔다.

5) 인터뷰 1단계가 끝나면 서로의 역할을 바꾸어 인터뷰 2단계를 진행한다. (역할을 바꾸어서 2번이 1번을, 4번이 3번을 인터뷰하고, 그 내용을 활동지에 메모해 둔다)

6) 각자 인터뷰한 내용을 '돌아가면서 말하기' 구조를 이용해서 자신의 모둠 안에서 발표한다.

- 구조 적용 Tip!

  1) 질문지를 미리 만들어 두는 것이 좋겠지만 학년에 따라서 차이를 두는 것이 좋다. 고학년의 경우 질문지 가운데 1~2칸 정도를 비워 두고 그 빈 칸에는 자신이 생각하는 질문을 직접 만들어 본 후 인터뷰를 할 수도 있다.

  2) 학급 세우기 차원에서 자기 소개하기 활동을 할 경우 3단계 활동과정의 폭은 '모둠 내'라는 범위로 한정 지을 필요는 없다.

  3) 모둠별, 각 개인별로 편차가 심하므로 적절한 시간 안배가 필요하다.

- 구조 적용 사례

  1) 한 단원의 시작 단계에 단원 개관 차원에 자주 활용할 수 있으며, 수업의 도입 단계나 종합적인 정리 단계에도 활용할 수 있다.

  2) 서로를 알아 가는 데 유용한 구조로서 학급 세우기 및 모둠 세우기 활동에도 활용할 수 있다.

  3) 역사 단원에서 역사 속의 인물 역할을 맡아 인터뷰를 진행할 수 있다.

  4) 국어과 문학 영역 중 '시'에서 기자가 되어 시인에게 인터뷰를 진행할 수 있다.

② 동시다발적으로 돌아가며 쓰기

'돌아가며 쓰기' 구조를 보완한 것으로 모둠 내에 인원수만큼의 각기 다른 주제와 질문이 적혀 있는 활동지로 각각의 모둠원들은 자기 앞에 한 장씩 활동지를 가지고 주어진 시간만큼 활동을 하는 구조이다.

- 준비물: 모둠별 과제 활동지 4장(4가지 소주제)
- 자리 배치: 4명 1모둠
- 활동 순서

  1) 교사는 4가지 주제 또는 4가지 질문을 제시한다.

  2) 모둠원들은 각기 다른 활동지를 받아들고, 자신에게 주어진 질문에 대한 다양한 생각을 정리하여 기록한다.

  3) 정해진 시간이 지나고, 교사가 신호를 하면 학생들은 시계방향으로 활동지를 돌린다.

  4) 학생들은 자기에게 오는 활동지의 내용을 잘 읽어 보고 이미 다른 사람이 쓴 것에 추가하여 더 적거나 수정해야 할 것, 생각해 볼 점 등이 있다면 어떤 것이 그런지 쓰고, 이유도 함께 적도록 한다.

  6) 처음 기록을 시작했던 활동지가 본인에게 돌아올 때까지 반복한다.

  7) 모두 다 돌았으면 활동지를 가운데 놓고 모둠원 모두가 동시에 살피면서 더 보충할 것이 없는지 상의하고 다 정리되었으면 한 장의 큰 종이에 붙이도록 한다.

- 구조 적용 Tip!

  1) 때로는 네 가지의 색깔펜을 이용할 필요도 있다. 색깔펜은 개인적인 책임 부분을 알 수 있게 해 주고, 각 모둠원들이 활동에서 얼마나 참여했는지를 알 수 있게 해 준다.

  2) 각 활동지마다 주어진 시간을 충분히 활용하여 기록하고 정리하도록 안내한다. 생각을 전혀 적지 않거나 한 개 혹은 두 개 정도 적어 놓고 생각나지 않는다고 그냥 시간을 보내고 있는 학생들도 있다. 이런 학생들에게는 주어진 활동에 최선을 다할 수 있도록 안내하고, 필요하다면 힌트나 간단한 안내를 해 주는 과정도 필요하다.

  3) 시작 신호와 함께 타이머를 띄우고, 시간을 체크할 수 있도록 하며 신호를 주기 전에는 활동지를 개별적으로 돌리지 않도록 한다.

  4) '말하기' 대신 펜을 이용한 '쓰기' 활동인 만큼 꼭 필요한 이야기 외에는 하지 않도록 한다.

- 구조 적용 사례

  1) 각기 네 가지 주제나 소재에 대하여 자신의 생각이나 알고 있는 것을 모두 적어 볼 수 있도록 하고자 할 때 활용한다. (정답이 있는 것일 수도 있고, 없는 것일 수도 있다)

2) 모둠을 해체하기 전에 모둠 졸업장을 쓰는 활동에서 활용할 수 있다.

3) A, B, C, D 네 편의 각기 다른 시를 제시해 주고, 그 내용을 읽어 본 뒤 자신의 생각이나 느낌을 적어 보고 시의 일부를 바꾸어 쓰는 활동에 활용할 수 있다.

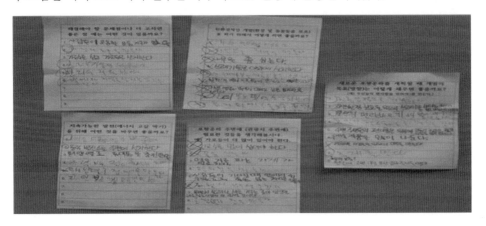

③ 셋 가고 하나 남기

모둠의 발표자는 남고, 나머지 세 사람은 다른 모둠으로 이동하여 모둠의 수행과제를 동시 다발적으로 발표하며 듣는 구조이다.

- 준비물: 학습 주제
- 자리 배치: 4명 1모둠
- 활동 순서
  1) 교사가 학습 주제를 제시한다.
  2) 모둠별로 학습 과제를 수행한다.
  3) 모둠 내에서 충분한 학습이 이루어진 후에 꼭 필요한 내용을 정리한다.
  4) 발표자만 원래 모둠에 남아 있고, 다른 모둠원들은 정해진 순서와 신호에 따라 다른 모둠으로 이동하여 설명을 듣고 질문한다.
  5) 다른 모둠으로 이동하는 모둠원들은 모둠에 남아 있던 발표자에게 자신들이 수집해 온 정보에 대하여 들은 대로 설명 및 전달을 해 준다.

- 구조 적용 Tip!

  1) 교사의 지시에 따라 정해진 시간 안에 발표가 이루어지도록 진행한다.

  2) 학습 과제물(프로젝트 과제물 등)을 들고 다니면서 이동하기 힘들 때 사용하면 좋다.

  3) 발표자는 다른 발표를 들을 수 없는 단점이 있으므로 중간에 발표자 역할을 바꾸어 주는 것도 좋다.

  4) 다른 모둠으로 이동하여 발표하기 전에 발표자가 미리 자기 모둠 내에서 발표하도록 한다. 이를 통해서 부족한 부분을 나머지 모둠원이 보완하도록 한다.

  5) 필요에 따라서 교사는 각 모둠별로 활동에 따른 결과물이나 완성한 과제를 제출하도록 할 수도 있고, 발표나 퀴즈 또는 형성평가로 간단하게 성취도를 파악할 수도 있다.

  6) 잘못된 정보의 나눔이나 오개념이 형성될 수 있기 때문에 교사는 마무리하는 차원에서 최종 정리를 해 주는 것이 좋다.

- 구조 적용 사례

  1) 자기 모둠에서 수행한 과제를 다른 모둠에게 발표하려고 할 때 좋다.

  2) 우리 몸의 여러 기관들의 구조와 기능을 모둠별로 조사하여 안내 자료를 만드는 활동에 활용할 수 있다.

  3) 우리나라의 명절과 기념일의 유래와 의미를 모둠별로 조사하여 발표할 때 활용할 수 있다.

  4) 촌락 또는 도시의 자연환경과 산업, 시설, 문화, 발전 사례를 조사하는 수업에 활용할 수 있다.

④ 하나 주고 하나 받기

　모둠 구성원끼리 풍성한 것은 주고, 부족한 것은 받는다는 개념으로 다양한 답이 있는 내용이나 창의적인 생각을 나눌 때 활용하는 구조이다.

- 준비물: 하나 주고 하나 받기 활동지
- 자리 배치: 4명 1모둠
- 활동 순서
  1) 주제와 관련하여 '하나 주고'에 들어갈 내용을 브레인스토밍 한다.
  2) 돌아가며 '하나 주고' 항목에 들어갈 내용을 말한다.
  3) 들은 내용이 적합하다고 모두 동의하면, 연필을 들고 '하나 주고'에 적는다.
  4) '하나 주고' 항목에 4가지 이상 적었으면 일어선다.
  5) 모든 학생이 준비가 되면 학생들은 손을 들고 다니며 짝이 없음을 표시한다.
  6) 다른 모둠의 학생과 짝을 이루고 인사를 나눈다.
  7) 짝과 함께 '하나 주고' 항목에 있는 아이디어를 하나씩 나눈다. 자신에게 없는 아이디어는 '하나 받기' 항목에 적는다.
  8) 짝과 헤어지고 다시 손을 들고 위의 활동을 반복한다.
  9) 활동지를 모두 채웠으면 교실 모퉁이에 서서 아직 덜한 친구에게 도움을 준다.
  10) 모든 학생이 활동지를 완성했으면 자신의 자리로 돌아가 모둠에서 나오지 않은 아이디어들을 나눈다.
- 구조 적용 Tip!
  1) 처음 만나는 짝은 이성 친구로 정하거나, 이성 친구 몇 명 만나기라는 과제를 주면 학생들은 보다 다양한 친구와 만나게 된다.
  2) 활동지만 들고 다니면 쓸 때 불편하기 때문에 교과서나 클립보드를 받침대로 사용한다.
  3) 다른 모둠의 친구를 만났을 때 사회적 기술을 습득할 수 있는 이끔말("만나서 반가워 친구야", "나눠 줘서 고마워 친구야" 등)을 안내하도록 한다.

- 구조 적용 사례

  1) 정해진 답이 없고 주제에 대해 다양한 생각들이 필요할 때 활용하기 적합하다.

  2) 부모님, 선생님, 친구들을 행복하게 하는 방법과 같은 확산적 질문일 때 효과적이다.

  3) 사회과 자유와 경쟁 제재에서 A회사가 경쟁에서 이기는 방법 찾기에 활용할 수 있다.

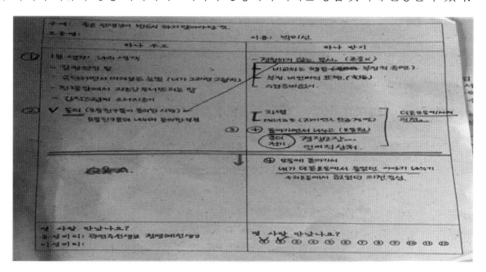

하나 주고 하나 받기 학습지 〈음악〉

주제: 리듬 만들기	
모둠명:	
하나 주고	하나 받기
나의 생각	
$\frac{4}{4}$	$\frac{4}{4}$
모둠생각	
$\frac{4}{4}$	$\frac{4}{4}$
※ 우리 모둠의 리듬을 만들어 보아요.	
$\frac{4}{4}$	

4) 사고력신장 구조

사고력신장 구조는 의미 있는 또래 학생들과의 사회적 상호작용을 통해 고차원적이고 확산적 사고 즉, 정보를 분류, 평가, 종합, 적용, 비판하는 등의 사고전략을 쓸 수 있도록 돕는 활동을 말한다.

사고력신장 구조는 다른 학생과의 의미 있는 사회적 상호작용을 통해 자신의 생각과 비교하고 새로운 아이디어를 얻어낼 수 있도록 돕는다. 이는 개인 지성보다는 집단 지성이 사고력 신장에 도움이 된다는 것을 말한다.

사고력신장 구조에는 브레인스토밍, 생각 내놓기, 이야기 엮기, Who Am I?, 모둠문장 만들기, 모둠마인드맵, 생각 짝 나누기, 두 마음 토론, 벤다이어그램, 두 박스 놀이 등이 있다.

사고력신장 구조는 교사의 의도적인 확산적 사고 전략에 맞는 발문과 학생들의 학습 활동 결과에 대해 있는 그대로 인정하는 열린 태도가 필요하다. 학생들의 오답도 인정하고 존중하며 격려하여야 하고 시행착오에 대해 실망하지 않고 꾸준하게 실천하여야 한다.

① 이야기 엮기

모둠 안에서 그림이나 문장, 단어 카드를 활용하여 이야기를 순서대로 엮어 내는 활동으로, 그림을 이용하여 독창적이고 다양한 아이디어를 이끌어 낼 수 있다. 이야기를 엮어 가는 과정에서 사고력을 계발시킬 수 있다.

- 준비물: 하나의 이야기로 이어지는 여러 컷의 만화, 사진, 그림 자료
- 자리 배치: 4인 1모둠
- 활동 순서
  1) 교사가 하나의 이야기로 이어지는 여러 컷의 만화나 사진을 카드로 만든다.
  2) 교사가 그림 카드를 모둠별로 나누어 준다.
  3) 모둠 안에서 그림 카드를 나누어 가진다.

4) 자신이 가지고 있는 그림카드를 이용하여 돌아가며 말하여 하나의 이야기를 엮어 낸다.

5) 교사가 원래 완성된 그림을 보여 주고 설명한다.

- 구조 적용 Tip!

    1) 카드를 나눠 가질 때 내용을 보지 않고 가져가 자신의 카드를 돌아가며 설명하고 다른 사람의 설명을 상상하며 듣는다. 모든 카드에 대한 설명이 끝나면 카드가 보이지 않게 엎어 놓은 다음 순서를 정해 내려놓는다. 마지막으로 카드의 내용을 확인하고 다시 한 번 이야기를 수정한다.

    2) 인터넷 등을 활용하여 적절한 그림 자료를 찾아내는 것이 중요하다.

    3) 이야기 엮기를 변형한 것이 이야기 만들기이다.

    4) 전체 학습 주제와 연관된 내용의 만화를 활용하면 좋다.

- 구조 적용 사례

    1) 국어과의 드라마 이어질 내용 예측하기에 활용할 수 있다.

    2) 역사 유물 사진 카드를 이용하여 시대별로 나열하기에 활용할 수 있다.

    3) 과학과 3학년 곤충의 한 살이, 개구리의 한 살이 과정 이야기 엮기에 활용할 수 있다.

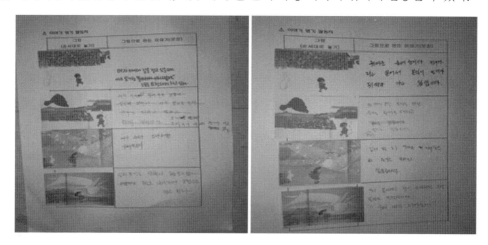

② Who am I?

등에 그림이나 단어카드를 붙이고 짝을 만난 후 질문을 주고받아 등에 붙인 카드가 무엇인지 알아맞히는 구조이다. 개념 익히기, 인물, 지명, 나라 이름, 동식물, 책 제목, 공공기관, 직업, 기념일 등의 특징을 알고자 할 때 사용하기 좋은 구조이다.

- 준비물: 포스트잇, 이름표
- 자리 배치: 전체
- 활동 순서
  1) 등에 학습 주제와 관련된 그림이나 단어카드를 짝끼리 붙인다. 이때, 본인의 카드를 보지 않도록 주의한다.
  2) 교실을 돌아다니며 짝을 찾는다.
  3) 짝을 만난 후 교사의 시작 신호가 있을 때까지 어깨를 맞대고 정면을 보면서 기다린다.
  4) 교사의 시작신호에 맞춰 "예, 아니오"로 대답할 수 있는 질문을 한다. 만난 친구와 세 가지 질문만 할 수 있다. ("살아 있나요?", "남자인가요?", "검은색인가요?" 등)
  5) 자신의 등에 붙어 있는 것이 무엇인지 알아맞히면 짝이 그 카드를 떼어 확인시켜주고 칭찬한다.
  6) 알아맞힌 사람은 도우미가 되어 아직 맞히지 못한 친구에게 힌트를 준다.
- 구조 적용 Tip!
  1) 등에 붙인 본인의 카드는 보지 않도록 약속한다.
  2) 정답을 맞힌 사람이 힌트를 줄 때는 한 사람에게 하나만 주도록 하며 답을 직접적으로 알 수 있는 힌트는 주지 않도록 한다.
  3) 교실을 돌아다닐 때는 넓은 공간에서 할 수 있도록 책상을 치우고, 짝을 만나러 갈 때는 친한 사람끼리 몰려다니지 않고 혼자 다니게 한다.
  4) 짝이 없음을 알리기 위해 손을 들고 다니게 한다.
  5) 짝을 만났을 때 사회관계 기술을 습득할 수 있는 이끔말을 안내하고 긍정적인 분위기에서 활동할 수 있도록 한다.
- 구조 적용 사례
  1) 과학과 - 3학년 동물의 한 살이에 활용할 수 있다.

2) 사회과 - 역사 단원의 문화재와 역사 인물, 세계의 여러 나라와 관련하여 대륙별 나라 및 수도, 정치 단원의 공공기관 알기에 활용할 수 있다.

③ 두 마음 토론

모둠 안에서 토론을 진행하되, 찬성자와 반대자를 교사가 지정하여 1차 토론을 하고, 역할을 교환하여 2차 토론을 하게 한다. 토론을 위한 별도의 모둠 구성이 필요하지 않고 소수의 학생이 토론을 독점하는 현상을 막을 수 있다.

- 준비물: 찬성, 반대 의견을 내야 하는 토론 주제
- 자리 배치: 4명 1모둠(찬성자, 중립자, 반대자, 관찰자)
- 활동 순서
    1) 교사가 토론할 주제를 학생들에게 제시한다.
    2) 1차 두 마음 토론을 실시한다. (1번 학생: 찬성자, 2번 학생: 중립자, 3번 학생: 반대자, 4번 학생: 관찰자) 찬성자와 반대자가 중립자를 번갈아 가면서 논리적으로 설득한다.
    3) 중립자는 자신의 의견과는 상관없이 더 설득력 있게 의견을 펼친 사람을 판정한다.
    4) 1번 학생, 3번 학생이 역할을 바꾸어 2차 두 마음 토론을 실시한다.
    5) 중립자는 1, 2차 토론에서 좀 더 설득력 있게 말한 사람을 판정하고 그 이유를 말한다. (학급 전체)
    6) 관찰자는 관찰한 소감을 발표한다. (학급 전체)
    7) 모둠 내에서 자신의 의견을 자유롭게 밝히고 모둠 의견을 모아 찬성 또는 반대로 모둠 의견을 결정하고 이유를 기록한다.
    8) 모둠별 의견을 칠판에 기록하여 교실 칠판에 붙이고 모둠별 내용을 학급 전체가 공유하게 한다. (칠판 나누기 구조)
    9) 교사가 학생들의 토론 활동을 피드백하고 토론 학습 주제에 대해 마무리 설명을 한다.
- 구조 적용 Tip!

1) 학생 수가 4명이 되지 않을 때는 중립자 역할만 둔다.

2) 주제 제시 후 생각할 시간을 주되, 1분~2분 정도 짧은 시간을 준다.

3) 찬성과 반대 역할을 바꾼 후에도 생각할 시간을 잠시 준다.

4) 중립자는 말하는 사람을 바라보며 듣도록 사전에 지도한다.

- 구조 적용 사례

  1) 찬성과 반대가 있는 주제에 대한 토론은 모두 가능

  2) 국어과 6학년 글쓴이의 관점 파악하기나 주장하는 글쓰기 전 활동으로 활용 가능

④ 생각 짝 나누기

어떤 주제에 대하여 3단계 과정을 통하여 생각을 발전시킬 수 있는 활동으로 가장 간단하면서 효과적으로 사고할 수 있도록 도와주는 방법이다. 토의할 때 가장 많이 활용된다.

- 준비물: 생각할 주제
- 자리 배치: 4명 1모둠
- 활동 순서

  1) 교사가 생각할 주제를 학생들에게 제시한다.

  2) 학생들이 그 주제에 대하여 개별적으로 각자 조용히 기록한다.

  3) 짝끼리 자기의 생각을 번갈아 이야기한다.

  4) 모둠 안에서 돌아가며 자기의 생각을 이야기하며 새로운 아이디어를 만든다.

  5) 모둠이나 학습 전체에서 모둠 의견을 이야기한다.

- 구조 적용 Tip!

  1) 간단하지만 효과적으로 사고력을 신장시킬 수 있는 모둠토의 방법이다.

  2) 단계별로 잘 진행될 수 있도록 교사가 분위기를 조성해 주어야 한다.

  3) 개별적으로 생각하는 단계에서 조용한 음악을 틀어 주는 것도 좋다.

- 구조 적용 사례

1) 일반적으로 어떤 주제에 대하여 토의하려고 할 때 활용할 수 있다.

2) 도덕과 인성덕목에 대한 실천방법 등에 대해 토의할 때 활용할 수 있다.

수학과 교수학습과정안 중

| 색종이로 크기 비교하기 짝 | **【활동 1】색종이로 2/3과 3/4의 크기 비교하기**
• 색종이로 2/3과 3/4의 크기 나타내기
　- 색종이로 3등분을 접고 2개를 색칠한 것과 색종이를 4등분해서 3개를 색칠한 것 비교하기

• 2/3과 3/4 중 누가 얼마나 더 큰지 알아보기 위한 방법 토의하기〈**생각 짝 나누기**〉
　- 비교하기 위해서는 분모가 같아야 함을 알기 | • 색종이, 크기가 같은 미농지
- 유의점1: 색종이와 미농지를 짝에게 각각 하나씩 줘서 짝과 함께 조작하도록 하고 학생들 스스로 색종이를 조작할 시간을 충분히 제공함.
- 유의점2: 색종이는 한쪽방향으로 접을 수 있도록 함. |

3장
협동학습,
교실 문을 열다

'수업 평가'가 아닌 '수업 비평'이라는 창을 통해

더 많은 교사들이 자신의 수업을 세상에 드러내고

수업자와 비평가가 동등한 입장에서 수업에 대한 논의를 나누고

그 결과물을 수업에 관심을 가진 많은 이들이 함께 공유하고

그렇게 공유된 내용들이 점진적으로 쌓여 가면서, 결국에는 모두가 함께 자유로이

서로의 수업을 나누는 커다란 수업의 공동체를 이루어 낼 수도 있지 않을까.

－『수업 비평의 눈으로 읽다』 출판사 서평 중에서

그동안 협동학습을 공부하며 교실에서 실현하기 위해 다양한 활동을 했다.

하지만 일부 교과에 집중된 활동, 40분 동안 10분 남짓의 활동만으로는 한계가 있었다. 개인이 촬영한 수업 영상을 보며 협동학습의 기본 원리(긍개동동), 선생님의 수업에서 본받을 만한 점을 찾아보는 것은 좋았으나 집중력이 떨어졌다. '좋은 수업이구나~' 하는 막연한 느낌이었다.

이에 포협에서는 '함께 수업 보기'의 과정이 보다 의미 있게 이루어지는 방법에 대해 고민을 하였다. 포협 안에서 동학년 선생님들이 모여 분과를 조직하고, 함께 수업 설계를 한다면 어떨까? 하나보다 둘 이상의 힘으로 수업에 대해 고민하고, 내가 생각하지 못했던 지점들을 담아낸다면 깊이 있는 수업이 될 것이라 확신했다. 수업 영상을 촬영하고 나누는 과정에서도 혼자만의 것이 되지 않으니 성장과 발전으로 이어질 것이라 생각했다.

협동학습 구조가 잘 적용된 수업 설계를 위해 연구회 선생님들 사이에 협력하는 분위기가 2016년부터 마련되었다.

가. '함께' 빚어낸 공동 수업지도안

수업 영상을 촬영하여 보는 것은 이전에도 분명 있었다. 하지만 실제적인 수업 보기가 이루어지기까지 여러 난관이 있었다.

첫째, 우수 수업 사례와 나와의 괴리감이다. "나는 저렇게 못하겠다." "좋은 수업이여도 영상으로 보니까 집중하기가 힘들다. 10분도 안 되는 듯하다."

둘째, 나의 수업을 보여 주는 것에 대한 두려움이 컸다. '같은 연구회라 해도 잘하지 못한 모습들이 나타날까?' 하는 생각들에 선뜻 나서지 못했다. 그래도 우리는 협동학습연구회인 만큼, 함께 공동 수업지도안을 작성하고 각자의 교실에서 실천하며 영상을 촬영하면 된다는 생각으로 했다. 혼자서 하는 수업은 두려움이 앞설지라도 함께 만들며 실천한 수업은 든든할 테니까 하는 마음으로.

2016년 3학년 수학과, 6학년 사회과, 5학년 사회과로 3~4명으로 분과를 만들어 월초에 수업안을 작성하고 마지막 주에 촬영했다.

1) 3학년 수학과 공동 수업지도안

3학년 수학난제인 곱셈과 나눗셈, 어떻게 하면 좋을까? 최혜경 수석 선생님의 수학과 수업을 보고, 연산 중심의 수업에서 벗어나 나눗셈을 똑같이 나누는 등분제와 '몇 묶음이 포함되는가'라는 포함제의 개념으로 학생들이 인식하고 접근하면 어떨까 생각하게 되었다. 이를 정리하여 연구회 카페에 탑재하고 다른 선생님들에게 피드백을 받았다.

차시	내용
1차시	- 나누기 개념에 대해 학생들이 알도록 하기 - 실생활의 예로, 이때 나누어떨어지는 숫자만이 아니라 나누어떨어지지 않는 숫자도 사용해서 실제 생활에서 나눔 하는 예 가져오기
2차시	- 등분제 - 구체물을 이용하여 실제로 하나씩 나누어 보게 하기 예를 들면 접시 4개를 주고 바둑돌 12개를 주고 하나씩 하나씩 나누어 보게 하기, 한 접시에 3개씩 들어가야 한다는 것을 알았으니 이번에는 한 번에 3개씩 가져가기 등을 통해 충분히 등분제 체험하기
3차시	- 포함제 - 사탕 12개를 안 보이는 주머니에 넣어 두고 2개씩 빼 내기, 사탕이 없어질 때까지 반복하기 - 동수 누감으로 포함제와 등분제의 용어나 쓰임의 분류에 대해서는 중요도가 떨어지나 나눗셈을 수 계산으로 가져오기보다는 나눗셈의 똑같이 나눈다는 개념 인식에 초점

4차시
수업 설계
차시
	- 나눗셈과 곱셈의 관계 알기에 초점
	- 교사가 알려주는 것이 아니라 학생들이 자신들의 언어로 설명할 수 있어야 함. 구체적 조작에서 추상화를 시도해야 할 필요가 있음
	- 수업의 흐름
	  • 20을 나누는 여러 가지 상황 알기
	  • 바둑돌로 20을 나누어 보고 곱셈식과 나눗셈식으로 나누어 담기
	  • 교과서 그림을 서로 다른 색연필로 묶어 세어서 곱셈식과 나눗셈식으로 표현하기
	  • **곱셈식과 나눗셈 식을 보면서 PMI를 활용하여 둘 사이의 관계 토의**
	    → 초안: 곱셈과 나눗셈의 관계 생각해 보기
	    → 피드백: 그냥 어떤 관계가 있을지 생각하면 막연하지 않을까요? PMI를 변형해서 같은 점, 다른 점, 재미있는 점, 찾아보기로 돌아가며 말하기를 하면 어떨까요?
	    → 수정하여 변화
	  • 짝 점검으로 마무리 문제 해결하기

5~6차시	- 곱셈식에서 나눗셈의 몫 알기, 곱셈 구구단으로 나눗셈의 몫 알기 - 반복학습, 연산의 기계화

2016 수학과 공동 수업지도안 1차

* 작성하면서 반영했던 부분
  - 칠판을 보면서 곱셈과 나눗셈은 어떤 관계가 있을지 생각해 보기
  - '짝 토의 혹은 돌아가며 말하기'를 할 때 어떤 관계가 있을지 생각하라고 하면 막연할 것 같아서 PMI를 변형해서 같은 점, 다른 점, 재미있는 점을 찾아보기로 돌아가며 말하기를 하면 어떨까?

성취기준	한 가지 상황을 곱셈식과 나눗셈식으로 나타내는 활동을 통하여 곱셈과 나눗셈의 관계를 이해한다.

단원	3. 나눗셈	차시	4/11	학습주제	곱셈과 나눗셈의 관계 알기
학습목표	곱셈과 나눗셈의 관계를 설명할 수 있다.			수업모형	연산원리탐구수업모형
수업자 의도	같은 상황을 곱셈식과 나눗셈식으로 나타내는 활동을 구체물과 그림으로 각각 1번씩 실시하였다. 활동을 통해 표현된 식을 보면서 학생들 스스로 곱셈과 나눗셈 사이의 관계를 유추하고, 모둠 토의를 거쳐 자신의 언어로 표현하도록 하였다. 나눗셈의 몫을 구하기보다는 곱셈과 나눗셈의 관계 이해에 초점을 맞추도록 한다.				

학습단계 (시간)	학습요소 흐름	교수·학습 활동	자료(■) 및 유의점(유)
도입 (5')	생각 열기 전체	■ 사탕 20개를 나누는 여러 가지 방법 알기 ○ 20을 나누는 방법 이야기하기 　- 4, 5, 10, 2, 1, 20 등으로 다양한 방법 이야기 나누기 ○ 20을 4명, 5명, 10명, 2명, 1명, 20명 등으로 나누면 한 명이 몇 개씩 가지는지 생각해 보기 　- 4명일 때는 5개, 5명일 때는 4개, 10명일 때는 2개 ○ 몫을 어떻게 알아냈는지 이야기 나누기	■ 바둑돌 20개 (유) 몫을 정확하게 맞추는 것이 아니라 몫을 알아낸 방법을 이야기함으로써 나눗셈과 곱셈의 관계를 인식하도록 한다. (유) 곱셈이라는 말이 나오지 않으면 ( )를 비운다. ■ 사과나무 그림 PPT
	학습문제 확인	■ 공부할 문제 알기 **(곱셈)과 나눗셈의 관계를 설명할 수 있다.**	
	학습활동 안내	■ 학습활동 안내하기 【활동 1】 곱셈식과 나눗셈식으로 표현하기 Ⅰ 【활동 2】 곱셈식과 나눗셈식으로 표현하기 Ⅱ 【활동 3】 곱셈과 나눗셈의 관계 토의하기	
전개 원리탐구 (10')	곱셈식과 나눗셈식으로 표현하기 Ⅰ 모둠	**【활동 1】 곱셈식과 나눗셈식으로 표현하기 Ⅰ (구체물)** ■ 곱셈식으로 나타내기 ○ 사과가 4개씩 달린 나무 5그루를 보고 사과가 모두 몇 개인지 말하기 ○ 왜 20개인지 말하기 　- 4개씩 5그루니까, 4×5=200니까, 세어 보니까 등 ○ 지금 상황을 식으로 나타내기: 4×5=20 ■ 나눗셈식으로 나타내기 ○ 아까 딴 20개의 사과를 모둠원들이 나눠 먹는다면 각각 몇 개씩 나눠 먹어야 할지 바둑돌로 나눠담고 식으로 표현하기: 20÷4=5	

원리내재 조작활동 (8')	곱셈식과 나눗셈식으로 표현하기 Ⅱ 짝	○ 모둠원이 5명일 경우에는 어떻게 할지 나누어 담고 식으로 표현하기: 20÷5=4 〈판서〉 4×5=20, 20÷4=5, 20÷5=4 **【활동 2】곱셈식과 나눗셈식으로 표현하기 Ⅱ (도식)** ■ 교과서 그림을 곱셈식으로 표현하기 ○ 교과서 그림을 2가지 방법으로 묶어 세기 ○ 곱셈식으로 표현하기: 4×3=12, 3×4=12 ○ 그렇게 나타낸 이유를 말해 보기 　- 4개씩 3줄이니까, 3개씩 4묶음이니까 등 ■ 묶어 둔 그림을 보고 나눗셈식으로 표현하기 ○ 4명씩 나누면 몇 개씩 가질 수 있는지 식으로 표현하기: 12÷4=3 ○ 4명씩 나누면 몇 개씩 가질 수 있는지 식으로 표현하기: 12÷3=4 ○ 그렇게 생각한 이유를 말해 보기 　- 12개를 세 곳에 똑같이 나누면 한 곳에 4개씩 들어가니까 　- 12개를 네 곳에 똑같이 나누면 한 곳에 3개씩 들어가니까 〈판서〉 | ① 4×5=20 20÷4=5 20÷5=4	② 4×3=12, 3×4=12 12÷4=3 12÷3=4
---	---		(유) 각각의 식을 모두 칠판에 판서한다. ■ (모둠별) 바둑돌 20개, 접시 5개 ■ 짝과 서로 색이 다른색연필 1개 (유) 짝과 색을 다르게 하여 가로, 세로로 모두 묶도록 한다. (유) 그림을 보고 묶을 구하도록 한다. 각각의 식을 모두 칠판에 판서하도록 한다.
형식화 (10')	짝과 나눗셈 관계 알기 모둠	**【활동 3】곱셈과 나눗셈의 관계 토의하기** ■ 곱셈과 나눗셈의 관계 알기 ○ 곱셈식과 나눗셈식을 보면서 같은 점, 다른 점, 재미있는 점 등을 찾아보기 〈돌아가며 말하기〉 　- 숫자가 같다. 　- 전체는 변하지 않는다. 　- ÷와 ×가 다르다, 순서가 바뀌어져 있다. 　- 덧셈과 뺄셈의 관계와 비슷하다, 서로 반대다 등 ○ 곱셈과 나눗셈 사이의 관계를 글로 표현하기 　- 곱셈과 나눗셈의 관계는 덧셈과 뺄셈의 관계와 같다. 　- 곱셈과 나눗셈의 관계는 서로 반대다. 　- 곱셈과 나눗셈은 서로 거꾸로 계산을 한다 등 ■ 곱셈과 나눗셈의 관계를 이용하기 ○ ②의 상황에서 6명이 나누어 가지면, 2명이 나누어 가지면 몇 개씩 가질 수 있는지 말하고 이유 말하기 　- 2, 왜냐하면 2×6=12(6×2=12)니까 12÷6=2 　- 6, 왜냐하면 2×6=12(6×2=12)니까 12÷2=6	(유) PMI기법를 활용하여 생각의 틀을 제공하도록 한다. (유) 모둠 토의 내용을 바탕으로 자신만의 언어로 정리하도록 한다. (유) 생각을 먼저 한 친구들은 뒤에서 서로의 생각을 비교하도록 한다. (유) 곱셈식과 관련된 나눗셈식이 2개 있음을 알게 한다.

| 정리 (7) | 마무리 짝 | ■ 곱셈식을 보고 나눗셈식을, 나눗셈식을 보고 곱셈식 만들기
○ 교과서 마무리 활동 문제 풀기
○ 짝끼리 서로 확인해 주기 〈짝 점검〉 | (유) 서로 답이 맞는지 확인하거나, 말로 설명하면서 해결하도록 한다. |
| | 차시예고 | ■ 차시예고
○ 곱셈식에서 나눗셈의 몫 알기 | |

이렇게 1차 수학과 교수·학습과정안 작성에 대한 경험이 적은 데다 공동 수업을 할 인원이 적어 어려움이 많았다. 경상북도교육청 온라인 컨설팅-수업 나누리에서 수학 수업에 경험을 가진 컨설턴트에 의뢰하여 보완할 점에 대해 지도받았다.

컨설팅 내용은 다음과 같다.

지도안의 연산원리탐구 수업모형 과정안에 맞춰 잘 짜인 설계안이라 생각한다. 수업자 의도에서 같은 상황을 곱셈식과 나눗셈식으로 나타내는 활동을 구체물과 그림으로 각각 한 번씩 해 보았다고 했지만,

① 4차시 수업 도입부분에서 전시에서 했던 상황을 한 번 더 언급해 주는 것도 좋을 것 같다.

② 활동 1에서 학생들이 4개씩 달린 사과나무 5그루에 사과의 총합이 20개가 나왔고 모둠원들이 나누어 먹은 것을 숫자를 달리하여 식으로 표현했을 때 왜 그렇게 생각했는지에 대해 이야기를 나누는 시간이 주어져야 할 것 같다.

③ 활동 2에서 다른 상황을 주지 말고 활동 1의 사과 그림들을(5개씩 4줄) 이용해서 색연필로 묶어 보고 나눠 보는 활동하도록 하는 것이 좋겠다. 같은 상황에서 구체물을 가지고 활동해 보고, 반구체물로 이미지화 하면서 나중에 수식으로 인식하게 하는 활동은 학습자들의 추상적인 수식 인지능력을 단계적으로 확장해 나갈 수 있게 하는 중요한 핵심이다.

④ 정리 활동에서 곱셈식을 보고 나눗셈식을 만들고, 나눗셈 식을 보고 곱셈식을 만들 수 있는 문제를 한 문제씩 제시하고 풀게 한 후 짝끼리 서로 가르치고 배우기 활동으로 학습 마무리를 하면 좋을 것 같다는 생각이 들었다.

실제 설계한 내용과는 달리 학생들의 발표가 만만하지 않다는 생각이 들었다. 수학 단원 중 역연산 관계에서 학생들이 많은 어려움을 느끼는 것을 감안하여 2차 지도안을 작성했다.

2016 수학과 공동 수업지도안 2차

성취기준	한 가지 상황을 곱셈식과 나눗셈식으로 나타내는 활동을 통하여 곱셈과 나눗셈의 관계를 이해한다.				
단원	3. 나눗셈	**차시**	4/11	**학습주제**	곱셈과 나눗셈의 관계 알기
학습목표	곱셈과 나눗셈의 관계를 설명할 수 있다.			**수업모형**	연산원리탐구수업모형
수업자 의도	같은 상황을 곱셈식과 나눗셈식으로 나타내는 활동을 구체물과 반구체물로 조작해 보도록 하였다. 활동을 통해 표현된 식을 보면서 학생들 스스로 곱셈과 나눗셈 사이의 관계를 유추하고, 모둠 토의를 거쳐 자신의 언어로 표현하도록 하였다. 나눗셈의 몫을 구하기보다는 곱셈과 나눗셈의 관계 이해에 초점을 맞추도록 한다.				

학습단계 (시간)	학습요소 흐름	교수·학습 활동	자료(■) 및 유의점(유)
도입 (5′)	생각 열기 전체	■ 사탕 20개를 나누는 여러 가지 방법 알기 ○ 20을 나누는 방법 이야기하기 - 4, 5, 10, 2, 1, 20 등으로 다양한 방법 이야기 나누기 ○ 20을 4명, 5명, 10명, 2명, 1명, 20명 등으로 나누면 한 명이 몇 개씩 가지는지 생각해 보기 - 4명일 때는 5개, 5명일 때는 4개, 10명일 때는 2개 ○ 몫을 어떻게 알아냈는지 이야기 나누기	■ 바둑돌 20개 (유) 몫을 정확하게 맞추는 것이 아니라 몫을 알아낸 방법을 이야기함으로써 나눗셈과 곱셈의 관계를 인식하도록 한다.
	학습문제 확인	■ 공부할 문제 알기 ┌─────────────────────────┐ │ (곱셈)과 나눗셈의 관계를 설명해 봅시다. │ └─────────────────────────┘	
	학습활동 안내	■ 학습활동 안내하기 【활동 1】곱셈식과 나눗셈식으로 표현하기 Ⅰ 【활동 2】곱셈식과 나눗셈식으로 표현하기 Ⅱ 【활동 3】곱셈과 나눗셈의 관계 토의하기	

전개
원리탐구
(10')
	곱셈식과
	나눗셈
	식으로
	표현하기
	I
	모둠
		【활동 1】곱셈식과 나눗셈식으로 표현하기 I (구체물)
		■ 곱셈식으로 나타내기
		○ 사과가 4개씩 달린 나무 5그루를 보고 사과가 모두 몇 개인지 말하기
		○ 왜 20개 인지 말하기
		  - 4개씩 5그루니까, 4×5=200이니까, 세어 보니까 등
		○ 상황을 식으로 나타내기: 4×5=20
		■ 나눗셈식으로 나타내기
		○ 아까 딴 20개의 사과를 모둠원들이 나눠 먹는다면 각각 몇 개씩 나눠 먹어야 할지 바둑돌로 나눠 담고 식으로 표현하기: 20÷4=5
		○ 그렇게 생각한 이유는 무엇인지 말하기
		  - 20을 4명이 나누면 한 사람당 5이니까, 접시에 5개가 있으니까 그렇다.
		○ 모둠원이 5명일 경우에는 어떻게 할지 나누어 담고 식으로 표현하기: 20÷5=4
		○ 그렇게 생각한 이유는 무엇인지 말하기
		  - 20을 5명이 나누면 한 사람당 4이니까, 접시에 4개가 있으니까
		○ 20÷5=4, 20÷4=5의 같은 점과 차이점 생각해 보기
		  - 전체는 같다, 나누는 수가 다르다, 바뀌어져 있다 등
			■ 사과나무 그림,
			PPT
			
			(유) 각각의 식을 모두 칠판에 판서한다.
			
			■ (모둠별) 바둑돌 20개, 접시 5개

원리 내 재조작 활동 (8')	곱셈식과 나눗셈 식으로	**【활동 2】곱셈식과 나눗셈식으로 표현하기 II (반구체물)** ■ '4개씩 5줄'로 그려진 그림을 곱셈식으로 표현하기 ○ '4개씩 5줄'을 2가지 방법으로 묶어 세기	■ 짝과 서로 색이 다른 색연필 1개

	표현하기
	II
	짝
		○ 곱셈식으로 표현하기: 4×5=20, 5×4=20
		○ 그렇게 나타낸 이유를 말해 보기
		  - 4개씩 5줄이니까, 5개씩 4묶음이니까 등
		■ '4개씩 5줄', '5개씩 4줄'로 묶인 그림을 보고 나눗셈식으로 표현하기
		<table><tr><td>○ 4명씩 나누면 몇 개씩 가질 수 있는지 식으로 표현하기
		  - 20÷4=5
		○ 5명씩 나누면 몇 개씩 가질 수 있는지 식으로 표현하기
		  - 20÷4=5
		○ 그렇게 생각한 이유를 말해 보기
		  - 20개를 네 곳에 똑같이 나누면 한 곳에 5개씩 들어가니까
		  - 20개를 다섯 곳에 똑같이 나누면 한 곳에 4개씩 들어가니까
		
		〈판서〉 4×5=20, 5×4=20, 20÷4=5, 20÷5=4</td></tr></table>
			(유) 짝과 색을 다르게 하여 가로, 세로로 모두 묶도록 한다.
			(유) 그림을 보고 몫을 구하도록 한다.

형식화 (10')	짝과 나눗셈 관계 알기 모둠	**【활동 3】곱셈과 나눗셈의 관계 토의하기**
		■ 곱셈과 나눗셈의 관계 알기
		 ○ 곱셈식과 나눗셈식을 보면서 같은 점, 다른 점, 재미있는 점 등을 찾아보기 〈돌아가며 말하기〉
		  - 숫자가 같다, 전체는 변하지 않는다, ÷와 ×가 다르다, 순서가 바뀌어져 있다, 덧셈과 뺄셈의 관계와 비슷하다, 서로 반대다 등
		 ○ 곱셈과 나눗셈 사이의 관계를 글로 표현하기
		  - 곱셈과 나눗셈의 관계는 덧셈과 뺄셈의 관계와 같다.
		  - 곱셈과 나눗셈의 관계는 서로 반대다.
		  - 곱셈과 나눗셈은 서로 거꾸로 계산을 한다 등
		■ 곱셈과 나눗셈의 관계를 이용하기
		 ○ 20을 10명이 나누어 가질 때와 2명이 나누어 가질 때 몇 개씩 가질 수 있는지 말하고 이유 말하기
		  - 각각 2와 10, 왜냐하면 20÷10=2, 20÷2=100이니까
			(유) PMI기법을 활용하여 생각의 틀을 제공하도록 한다.
			(유) 모둠 토의 내용을 바탕으로 자신만의 언어로 정리하도록 한다.
			(유) 생각을 먼저 한 친구들은 뒤에서 서로의 생각을 비교하도록 한다.

정리 (7')	마무리 짝	■ 곱셈식을 보고 나눗셈식을, 나눗셈식을 보고 곱셈식 만들기
		 ○ 교과서 마무리 활동 문제 풀기
		  - 30÷6=5 → 6×5=30, 5×6=30
		  - 8×4=32 → 32÷8=4, 32÷4=8
		 ○ 짝끼리 한 문제씩 풀고 서로 확인해 주기 〈짝 점검〉
			(유) 곱셈식과 관련된 나눗셈식이 2개 있음을 알게 한다.
			(유) 서로 답이 맞는지 확인하거나, 말로 설명하면서 해결하도록 한다.

	차시예고	■ 차시예고 ○ 곱셈식에서 나눗셈의 몫 알기	

■ 평가 계획

평가관점	평가내용	평가 방법
결과평가	곱셈과 나눗셈의 관계를 말이나 글로 설명하고 이를 활용하여 문제를 해결할 수 있는가?	관찰법, 지필평가 (마무리 문제 활용)
과정평가 (의사소통)	곱셈과 나눗셈의 관계를 찾는 모둠 토의 활동에 적극적으로 참여하는가?	관찰법

선생님의 아이디어로 도입한 PMI 기법으로 곱셈과 나눗셈을 보며 같은 점, 다른 점, 재미있는 점을 찾아보며 말하는 PMI 기법은 탁월한 선택이었다. 배움이 느린 학생들, 수학과에 어려움을 느낀 학생들이 수업을 통해 완벽히 답을 써 내는 과정에서 뿌듯함을 느꼈다. 수식화에만 익숙한 학생들도 구체물과 반구체물로 표현하고 이에 대한 관계를 토의하면서 사고력과 문

제해결력이 향상됨을 확인하였다. 무엇보다 특정 교과에 익숙했던 우리였는데 수학과를 깊이 생각하고 막막함에 부딪힐 때마다 선생님께 기대며 해결하려는 과정이 기억에 남았다.

2) 6학년 국어과 공동 수업지도안

성취기준	목적과 주제를 고려하여 내용을 조직하여 글을 쓴다.				
단원	3. 마음을 표현해요	차시	6~7	학습주제	상대에게 전하고 싶은 마음을 글로 표현하기
학습목표	상대에게 전하고 싶은 마음을 글로 표현할 수 있다.			수업모형	창의성 계발 학습 모형
수업자 의도	글을 읽고 글쓴이의 마음을 파악할 수 있는 것과, 마음을 표현하는 글을 쓰는 방법을 익혀 자신의 정서를 표현하는 것이 단원의 목표이다. 따라서, 본 수업에서는 학생들의 마음을 끌어내고 배운 내용을 토대로 전하고 싶은 마음을 글로 쓰는 과정을 보여 주고자 한다.				

학습단계 (시간)	학습요소 흐름	교수·학습 활동	자료(■) 및 유의점(유)
문제 발견하기 (5')	전시학습 상기 전체 동기 유발 학습문제 확인	■ 전시 학습 상기 ○ 마음을 표현하는 글을 쓰는 방법 떠올리기 ■ 이야기 듣고 마음을 알아보기 ○『고함쟁이 엄마』를 듣고 엄마 펭귄과 아기 펭귄의 마음 생각해 보기 ○ 엄마 펭귄과 아기 펭귄이 서로에게 하고 싶었던 말을 자세하게 표현해 보기 ■ 공부할 문제 알기 **상대에게 전하고 싶은 마음을 글로 표현하여 봅시다.**	■『고함쟁이엄마』그림책 ppt (유) 엄마 펭귄과 아기 펭귄이 서로에게 하고 싶었던 말을 창의적으로 생각하되, 이야기 속 펭귄 마음이 잘 나타날 수 있도록 한다.
아이디어 생성하기 (5')	쓸 내용 생성 전체 모둠	■ 가족에게 마음을 표현할 일 떠올리기 ○ 선생님의 경험담을 듣고, 가족에 대한 미안함과 고마움을 느꼈던 기억 떠올리기 ○ 모둠 친구들과 돌아가며 각자의 기억 말하기	(유) 친구들의 이야기를 경청하며 비슷한 경험이 있는지 떠올리며 듣는다.

아이디어
선택하기
(5)
	쓸 내용
	조직
	개인
		■ 쓸 내용 정리하기
		○ 표현하고 싶은 사람/전하고 싶은 마음
		  - 마음을 표현하고 싶은 일/ 그때 든 생각이나 느낌
		  - 마음을 표현하고 싶은 까닭
		  - 읽는 이를 고려할 때 더 들어가야 할 내용
			상대에게 마음을
			전하는 글쓰기가
			되도록 안내한다.

아이디어 적용하기 (25)	글쓰기 개인	■ 마음을 표현하는 글쓰기 ○ 마음을 표현하는 데 꼭 필요한 내용을 자세히 쓰기 ○ 마음을 잘 나타낼 수 있는 말 넣어 쓰기 ○ 읽는 이의 마음을 고려하여 글쓰기	■ 편지지, 음악 (유) 전하고자하는 마음을 잘 표 현하는 글쓰 기가 되도록 안내한다.
	나누기 모둠 전체	■ 모둠 친구와 함께 나누기 ○ 쓴 글을 모둠 안에서 돌려 가며 읽기 ○ 잘된 점이나 공감, 응원, 격려의 답글 달아 주기 ■ 전체 함께 나누기 ○ 몇 편의 글을 선택하여 전체와 함께 나누기 ○ 국어활동, 친구들과 칭찬 이어 가기 활동 안내	(유) 다른 친구가 쓴 글에 대해 존중하는 마 음으로 경청 하고, 성의 있 게 답글을 적 도록 한다.

6학년 공동 수업지도안을 만들었던 선생님들 이야기를 해 보겠다.

5월 가정의 달을 맞아 학생들의 삶과 연결되었기에 마음이 움직이고 치유가 된 수업이었다. 표현 능력을 길러 주기 위한 과정에서 마음을 전하는 글을 쓸 때 읽는 이의 마음을 반드시 고려하며 편지를 쓰도록 강조하여 지도한 것이 주효했다. 공동 교수·학습과정안은 작성했지만 교사와 학급에 따라 다르게 구현되는 모습을 볼 수 있었다. 특히, '돌아가며 읽고 댓글 달기', '글로 쓴 것을 전달하는 여부' 등에 차이가 있었으며 수업 방법(예: 편지 전달 여부)에 따라 분위기가 미묘한 차이가 있음을 알 수 있었다.

다음은 2016 국어과 공동 수업을 한 후 포협 선생님들과 수업 나눔을 한 후 작성한 기록이다.
교수·학습과정안을 작성한 후, 문석범 선생님께서 영상을 촬영하여 함께 수업을 보았다. 연구회 선생님들은 인상 깊은 점과 조언할 부분을 말하고 수업자와 대화하는 시간을 가졌다. 이를 통해 협동적인 수업 분위기와 배움이 느린 학생을 위한 배려와 기다림의 여유를 생각하게 되었다.

연구회 선생님들이 말한 인상 깊은 점은 다음과 같다.

① 교사의 언어 표현, 차분한 음악, 배려하는 교실 분위기가 어우러지면서 학생들이 수업에 집중하는 모습이 인상 깊었다.
② 교사의 경험을 먼저 나누고 학생들이 서로 경험을 나누도록 하는 부분이 인상 깊었다. 교사와 학생들의 삶이 서로 연결되는 과정에서 학생들이 집중해서 듣게 되는 것 같다. 교사의 구체적인 사례가 학생들의 글쓰기 소재를 떠올리는 데 도움을 주었다.
③ 수업 목표에 맞게 학생들이 자신의 내면을 바라보고 글을 쓰도록 하는 과정이 잘 드러나 목표 도달이 잘된 것 같다.
④ 자신의 글을 공유할지 선택할 수 있는 기회가 주어진다는 점이 좋았다. 친구들로부터 댓글을 받으면서 안정감을 느끼고 혹은 마음을 치유할 수 있고, 그것이 자신의 삶에 있어 잊히지 않는 수업이 되었기에 더 좋았다.

선생님들은 다음과 같이 조언해 주셨다.

① 발표 지도 시 발표를 하기 어려워하거나 할 말이 없다는 이유로 하지 않는 친구들에게 듣는 것 자체도 배움이 일어난다고 생각한다. 따라서, 잠시 기회를 다른 친구에게 주고 이야기를 하고 싶은 친구의 것을 들으면서 든 생각에 대해 나누면 될 것 같다.
② 마음을 표현하는 글의 형식은 기존 글의 형식과는 다르다. 깊이 있는 마음을 표현하고, 표현해야 할 내용이 들어가는 것 그 자체가 마음 표현 글의 형식이라고 본다. 따라서 PCK 난개념, 오개념 관점에서 보면 어떤 관점에서 봐야 하는가가 고민이 된다. 정서표현 능력과 관련된 단원이기 때문에 조직화에 대한 명확한 부분이 없다.
③ 친구와 공유가 어려운 학생들은 교사와 피드백을 나누는 과정을 통해 학습목표가 이루어지도록 도와주고 마음을 서로 이해하는 과정은 어떨까 하는 생각이 들었다.
④ 관계형성의 중요성을 느꼈다. 글에 대해 부담 없이 공개할 수 있다는 것은 관계 형성이

기반되어야 하기 때문이다. 이 수업에서 비중을 어디에 둘 것인가? 국어과 글쓰기 표현 능력이냐 정서표현이냐? 교집합을 어떻게 찾아내어서 정서와 수업목표를 동시에 도달할 수 있도록 할 수 있을까에 대한 고민이 필요한 것 같다.

이외에도 수업자에게 궁금한 점을 이야기하면서 깊이를 더했다. 책을 선정하게 된 이유와 활동의 의도들, 결과물을 공유하는 것에 대한 의견이 다를 경우, 어떻게 수용하는지, 경청(사회적 기술)지도 방법을 물으며 벤치마킹할 수 있는 부분을 찾았다.

연구회 선생님: 동화책, 교사의 경험이 수업 이끌어 내는 데 도움이 된 것 같다. 특별히 『고함쟁이 엄마』를 선택한 이유는 무엇인가?

수업자와 공동 수업 기획자: 동화는 보는 관점에 따라 다양하게 활용 가능하다. 그 동화를 어떻게 연결시켜서 가지고 오면 좋을지에 대한 생각을 하였다. 나의 마음과 엄마의 마음이 모두 공감이 되는 동화책을 고르기가 어려웠다. '고마움'이라는 관점에 초점을 두어 동화책을 선정했다. '고마움'이라는 감정을 억지로 끌어내는 것이 아니라 동화책을 통해 아이들이 먼저 이해 받는 느낌을 받아서 맥락 없는 '고마움'을 표현하는 것에 대한 저항을 줄여 줄 수 있었다.

연구회 선생님: 댓글 쓰기를 하고자 한 의도는 무엇이었는가?

수업자와 공동 수업 기획자: 교과서에서는 퇴고하는 작업으로 되어 있는데, 댓글로 퇴고하는 것보다는 공감하는 마음 공유하는 마음을 표현해 보는 것은 어떨까 하는 생각으로 수업을 기획하였다.

연구회 선생님: 마지막 댓글 달기 활동에서 공유를 하고 싶어 하는 학생들만 공개하여 하고 싶지 않은 아이들을 배려해 주는 모습이 보기 좋았다. 혹시 공개한 학생과 그렇지 않은 학생의 수업 후 나중 반응에는 차이가 있었는가?

수업자와 공동 수업 기획자: 공유를 한 학생과 그렇지 않은 학생은 자신의 선택에 만족하는 것처럼 보였다. 공유가 이루어진 이후로 공유를 한 모둠은 정서적 유대를 느끼며 좀 더 단단해진 느낌을 받을 수 있었다.

연구회 선생님: 학생들이 경청하는 모습이 좋았다. 평소 듣기 훈련을 어떻게 지도하였는가?
수업자: 수업 시작 전부터 잔잔한 음악을 틀어 놓고 수업을 하다 보니 학생들의 분위기가 차분하여 더 집중을 잘하는 모습을 볼 수 있었다. 본 수업은 분위기를 조성하기 위해 1시간 내내 음향을 틀어 주었고, 글을 쓸 때나 수업의 집중이 필요한 순간에서는 음향을 조절하면서 마음을 집중하여 수업에 임하도록 했다. 음향 조정을 통해서 학생들과 소통 과정에서 불편함이 없도록 하였다.

공동 수업교수·학습과정안 작성과 수업 나눔에 이어 PCK, 글쓰기 표현 능력 지도과 관련된 고민 나눔으로 이어지며 더 큰 배움이 일어났다.

① 글 종류에 따라 글의 틀을 찾아보고 틀을 찾아보는 과정에서 학생들의 배움이 일어남을 느꼈다. (분류, 분석, 비교와 대조) 교육과정 재구성도 중요하지만 학생들이 알아야 할 내용적인 부분을 명확히 이해하고 틀을 선택하여 생각할 수 있도록 내용·지식적인 설계도 교사가 더 많이 알고 있어야겠다.

② 먼저 국어과적 지식(PCK)을 설명하고 연습을 하는 것도 좋고, 학생들이 먼저 다양한 글을 통해 국어과적 지식(분류, 분석, 비교와 대조)을 생각해 보도록 하고 헷갈려 하는 부분을 예로 들어서 반대로 설명할 수도 있다.

③ 학생들에게 어떤 상황에 대해 틀을 주고 자세히 서술하여 쓰도록 지속적으로 지도해야 한다. 명심보감이나 도덕 교과서에서 나눔 했으면 하는 부분을 1주일에 1번 탑재하여 학생들이 마음에 와닿거나 경험한 것을 글을 댓글로 달도록 하고 있다. 친구들이 쓴 내용을 보고 적다 보니 점차적으로 감정이 느껴지는 것이 보인다. 꼭 단위 수업 내에서가 아니더라도 교과 속에서 담아내지 못한 부분도 끌어내어 글쓰기를 지도해도 좋은 것 같다.

3) 5학년 국어과 공동 수업지도안

5학년의 5월 공동 수업지도안은 9단원 추론하며 읽기 단원을 선정했다.

각자가 작성한 5개의 수업안을 가지고 논의를 시작했다.

각자가 보고 있는 차시의 다른 관점에서 시작하여 추론하기, 추론하여 읽기로 함께할 것을 합의했다. 추론의 개념을 먼저 설명할 것인가, 수업의 끝 부분에 설명할 것인가로 의견이 달랐으나 추론 개념을 먼저 설명하기로 정했다. 그러나 활동 방법에서는 같은 생각으로 통일되지 않아 수업자를 선정하고 선정된 수업자의 수업안으로 함께 수업하기로 결정했다.

교과	국어	단원	9. 추론하며 읽기 (1/8)	교과서	218~221쪽
성취기준	국1623. 내용을 추론하며 글을 읽는다.			창의성요소	논리, 비판적 사고
본시주제	내용을 추론하며 글을 읽는 방법을 알기				
학습목표	내용을 추론하며 글을 읽는 방법을 안다.				
수업전략	집단 조직		학생활동중심 학습 활동		학습자료
	전체, 개인, 모둠		글쓰기, 돌려 읽기, 의견 내놓기		그림 자료, 교과서, 학습지1~3
수업자 의도	'추론'은 글을 깊이 있게 읽거나 비판적으로 읽는 데 필요한 고등사고능력이다. 학생들의 개인적인 수준에 따라 이미 '추론' 과정을 경험하고 독서 활동에서도 충분히 추론 활동이 이루어지는 학생들이 있는 반면, 일상생활에서의 '추론' 경험을 독서(읽기)활동과 별개의 과정으로 생각하고 책 읽기 활동에 반영하지 못하는 학생들도 찾아볼 수 있다. 따라서 교육과정 속에서 '추론'이라는 단어의 뜻을 처음 접하는 학생들에게 '추론'의 의미를 명확하게 짚어 주고, 더 나아가 추론의 과정을 통해 깊이 있는 독서활동이 이루어지고 결과적으로 독서의 추론과정을 즐겨 할 수 있도록 내면화하는 것이 이 단원에서 가르치고자 하는 것이다. 따라서 본 차시는 1차시로 학생들이 추론의 의미를 이해하고 추론의 과정(간단한 텍스트를 활용)을 경험해 보는 활동을 통해 학생들의 이해와 흥미를 높이고자 한다.				

학습과정		교수 · 학습 활동	시량	자료(■), 유의점(유)
학습단계	학습요소			
문제 인식	학습 동기 유발	■ **학습 동기 유발** ○ 광고 내용 추론하기 • 광고를 보고 제품의 어떤 점을 광고하려는 것인지 생각해 보기 • 그렇게 생각한 까닭 말하기	8'	(유) 자유롭고 허용적인 분위기를 조성한다. ■ 그림 자료

	공부할 문제 확인	▣ **공부할 문제 확인하기** • 이번 시간에 공부할 내용을 확인하여 봅시다. 　　　　　추론하면서 글을 읽는 방법을 안다. ▣ **추론의 개념 설명하기** • '추론'은 근거(적절한 까닭)를 가지고 생각하는 것, 근거를 찾아보는 것이라는 개념 설명하기	2'	■ 판서
	공부할 순서 및 학습 활동 확인	▣ **공부할 순서 및 학습 활동 안내** 【활동 1】그림책 내용 추론하기 【활동 2】글을 읽고 추론한 내용 이야기해 보기		
아이디어 탐색	활동 1	▣ **학습 활동 전개** 【활동 1】그림책 내용 추론하기 ○ 모둠별로 동화를 읽고 이야기 추론하기 • 제목과 표지를 보고 내용을 추론해 보기 • 이야기를 읽으며 빠진 부분 추론하기(생각 내놓기) - 학습지1을 읽고 모둠이 추론한 내용을 전체와 공유하기 • 이야기의 뒷부분을 읽으며 주어진 문제 해결하기 (돌아가며 말하기) - 학습지2를 읽고 모둠이 추론한 내용을 전체와 공유하기 (모둠별로 전체에게 발표)	20'	(유) 추론할때에는 반드시 추론의 근거를 text, 그림 자료를 통해 찾아내도록한다. ■ 동화책, 학습지 1~2, ppt자료
아이디어 정교화 및 적용	활동 2 활동 3	【활동 2】글을 읽고 추론한 내용 이야기해 보기 ○ 모둠별로 교과서와 일기자료를 읽고 추론하기 • 제시글을 읽고 추론한 것을 돌아가며 이야기하기 - 학습지3을 읽고 모둠이 추론한 내용을 전체와 공유하기 (모둠별로 전체에게 발표)	9' 9'	■ 일기 자료 제시
종합 및 재검토	학습 정리 차시 예고	▣ **학습 정리** ○ 학습 활동 느낌 발표 • 추론하는 방법 이야기 해 보기 • 추론을 하며 글을 읽으면 좋은 점 생각해 보기 ▣ **차시 예고 및 과제 제시** ○ 차시 예고 • 내용을 추론하며 글 읽기 안내하기	3'	

수업자인 유중구 선생님의 이야기를 들어 보았다.

교과서보다 다른 자료를 가져와서 재구성하였다. 그림책 읽기 자료에서 학생들이 예상 외로 추론을 잘하지 못해서 시간이 오래 소요되었는데 그림 자료를 통해 힌트를 주었더니 나아졌다. 유중구 선생님의 지도안을 갖고 수업을 했던 선생님은 '생각 내놓기' 구조 적용 부분에서는 추론하기의 힘듦을 감안하여 4가지를 내어 놓는 것에서 1가지 생각 내어 놓기로 바꾸고, 모둠의 같은 생각끼리는 포개어 두는 것으로 변형해서 적용하였다. 학급 학생들의 일기 자료를 선택하는 것이 좋았는데 공동 수업안이라 해도 상황에 맞는 자료를 선택하는 것이 중요하다고 생각했다.

4) 함께 수업을 설계한 선생님들의 고민

- 김휼빈: 유중구 선생님의 수업안을 바꾸어 했다. 광고+교과서+그림책 지어 보기 활동으로 한 시간에 마무리 가능했으며 추리, 추론, 추측, 짐작 등의 뜻을 묻는 학생들에게 경험과 단서를 통해 다른 정보를 미루어 짐작하는 뜻에서 비슷하다고 설명하였다. 일기 자료는 우리 반 아이의 글로 대체하였고 반응이 좋았다. 단 동화 쓰기에서 파격적이고 엉뚱하며 극단적인 전개나 결말로만 지으려고 하는 경우, 어떻게 지도하면 좋을지 논의가 필요하다. 교과서에 있는 글을 보며 단서를 통한 추론은 잘 이야기하는데, 경험을 통한 추론은 없었다. 그럴 때 경험을 끌어내기 위한 교사의 발문이 궁금하다.
- 김은경: 그림책의 삽화를 보면서 추론하기를 충분히 먼저 경험하도록 하였다. 교과서 자료를 읽기 전에 '할머니의 그 남은 반년은 겨울이었습니다.' 문장을 추론해 본 다음, 교과서를 읽었을 때 학생들이 글 속 단서를 찾기 쉬워했다. 평소 많이 하는 소리 내서 읽기를 하니까 더 재미있어했다. 유중구 선생님 수업 중 기억나는 아이의 대답 속에 "별이 되었다."가 있었는데 이때 교사가 "어떻게 추론했니?"라고 한번 물어보았으면 좋았을 것 같다. 만약 아이가 『해와 달이 된 오누이』 책을 읽고 떠올랐어요."라고 했다면 독서라는 간접경험을 통한 추론이 된다. 이렇게 이 차시는 추론하며 읽기의 방법을 배운 수업인 것 같다고 했다.

5) 어려운 과정이 있었기에 기억나는 수업 대화

A: 단서를 찾아내지 못하는 학생은 어떻게 해야 하는가?

B: 오류가 있을 때 즉각적 피드백, 그림 단서를 통한 충분한 추론 연습이 필요하다.

C: 일본의 국어 수업을 참관했을 때 본 인상적인 장면이 있었다. "너의 생각은 텍스트 어디에서 왔니?"라고 묻고 텍스트의 몇 번째 페이지, 몇 번째 줄에 있다는 구체적 근거를 제시하도록 끊임없이 연습한다. 이렇게 해 보았더니 실제 국어 수업에서 학생들이 텍스트를 더 정확하게 읽으려고 노력하는 정도가 향상되었으며 교과서 삽화의 오류를 찾아내기도 했다.

D: 어려운 자료를 제시하여 추론이 힘들었다는 유중구 선생님의 소감이 있었는데, 오히려 힘든 과정을 먼저 거치고 나면 그다음에 쉬운 텍스트는 잘 해결할 수 있을 것 같다. 오류를 통해 추론의 개념을 더 잘 이해하는 시간이 되었을 것 같다.

학생들의 독서 능력이 결국 추론 능력과도 비례함으로 책에 대한 이해를 했는지 계속적인 질문을 하고 대답하게 하면 추론 능력도 향상될 것이다. 학생의 생각을 끝까지 묻고 들어 주는 선생님의 깊이 있는 경청과 관심이 돋보였다.

E: 국어 수업은 이해 중심수업과 적용 수업으로 나누어진다. 초반에는 이해중심 수업을 하고 후반에 적용 수업에 초점을 둔다.

이 단원은 1차시로서 이해중심에 해당하는데 적용 수업으로 구성되어 있어 상당히 힘들 수밖에 없다. 따라서 추론의 개념과 추론하며 읽기의 이해에 초점을 두고 좀 더 쉽게 점진적으로 적용할 수 있도록 접근을 하였으면 좋았을 것 같다.

A: 처음에 어려운 자료나 과제를 주고 고민해 보게 하면 그 후에 더 쉽게 해결하는 것도 방법이 될 수 있지 않은가?

B: 그럴 수 있다. 단, 해결이 잘 안 되는 이유에 대해서 고민하게 하고 답을 찾아야 하는 시간이 있어야 한다. 즉, "왜 추론이 힘들었을까?"라고 묻고 "그것은 단서가 부족하기 때문이다. 그

래서 추론에서는 단서 찾기가 중요하고, 경험을 떠올리는 방법도 있다"라고 정리한 다음 "쉽게 찾을 수 있나 해 보자"라고 이어질 때 효과가 있다.

그렇다. 공동 수업지도안이 나오기까지 많은 대화를 나누고 수업 영상을 촬영하고, 연구회 선생님들께 선보이는 과정이 쉽지 않았다. 어렵지만 수업의 질적 향상을 위해 반드시 건너야 할 다리이기에 함께 걸어 나갔다. 수업을 바라보는 관점이 다르기에 부딪히는 점도 있었다. 상대방을 납득시키기 위해 자신에게 먼저 좋은 수업이 무엇인지 되묻는 시간이 되었다. '좋은 수업이란 무엇일까?'에 대한 답은 없다. 100명의 교사가 비슷한 듯 다른 답을 낼 것이란 생각이 든다. 아이들이 재미있다고 좋은 수업이라고 단정 지을 수 없고, 교사의 일방적 설명 수업이라고 해서 나쁜 수업이라 평하는 것 또한 잘못된 태도이다. 교사와 학생 교재가 만나 새로운 창작이 일어나는 곳, 그래서 같은 공동 수업지도안을 들고 해도 수업은 생명력이 있어 새로운 모습으로 나타나는 것이다.

한 시간의 수업이지만 교사의 전 생애가, 학생의 전 생애가 만나는 곳이 교실 수업인 것이다.

수업은 교사 자신을 내보이는 것이기도 해서 용기 내기가 쉽지 않다. 공개 수업을 하면 칼로 회를 뜨듯 난도질을 당할 때도 있다. 수업 나눔이나 연구 수업 공개 후 협의회 형식이 교사 이야기를 먼저 듣는 형식으로 좋아졌다고 하나 여전히 수업 공개 시간을 평가 시간으로 치부하는 인식이 있는 한 자발적 수업 나눔을 어렵다고 본다. 안전한 공동체를 통해 나의 수업에 이면에 포함된 교사의 욕구와 수업 설계에 대한 변을 마음껏 이야기하는 경험을 가진 자만이 수업 나눔에 용기를 낼 수 있다.

승진 점수도 없고, 학교 관리자의 인정도 없는 공개 수업을 자처하고 이렇게 수업 나눔을 하는 이유가 무엇이었을까? 이렇게 자신의 수업을 들고 와 오픈할 수 있는 힘은 어디에서 오는 것인가? 수업에서 느끼는 동질의 고민을 서로 이해하기 때문이다. '함께'라는 단어에 들어 있는 의미는 수업 전에도, 수업 속에도, 이후에 교사의 마음을 위로하는 단계까지 함께하는 것이다. 함께 수업을 계획하고, 함께 수업을 하고, 나누는 것은 포항협동학습연구회가 또 하나의 가족이 되었다는 증거다. 내 말에 귀 기울여 주고, 내 편이 되어 나의 성장을 응원하는 온전히 받아들여지는 이 느낌은 2023년 올해까지 지속되고 있다.

4장

협동학습으로 물들다

Teachers cannot teach a kid to learn

unless they know you care.

(아이들이 교사가 자신을 돌본다는 것을 느끼지 못하면,

교사는 아이들을 배움으로 인도할 수 없다.)

– 플립 플리펜(Flip Flippen), 『바로 지금 협동합습!』 '책을 열며' 중에서

교육은 흘려보냄이다.

우리가 흘려보내는 것이 협동이고, 친절일 때 아이들도 협동하고 친구를 친절로 대할 것이다.

교사의 뒷모습을 보고 배우는 아이들을 위해 교사인 우리 먼저 배움의 자리에 선다. 협동하는 교실 그리고 함께 어우러지는 삶을 꿈꾸며 그 중심에 서기 위해 다양한 방법으로 협동을 실천했고, 새로운 도전으로 협동학습을 물들였다.

가. 온작품 읽기로 스며드는 협동학습

전문적 학습 공동체로서 우리들의 열기는 2018년에도 여전히 뜨거웠다. 교실 한 칸의 사랑 방에는 목요일마다 포항의 여러 학교 교사들이 모였는데 많을 때는 스무 명 가까이나 되었다. 연구회는 공동 수업지도안을 함께 짜고, 서로의 수업을 함께 들여다보는 것과 동시에 경상북 도교육연수원에서 지원하는 교육연구동아리 연수비로 해마다 자체 연수를 기획하여 배움의 깊이를 더해 갔다. 포항협동학습연구회 소속 선생님뿐만 아니라 함께 듣고자 하는 선생님은 누구라도 초대했다. 도교육청 연수 경비 지원 덕분에 전국구 강사님들을 직접 섭외할 수 있었 는데, 2018년에는 시인 이안 작가님과 송선미 작가님 그리고 온작품 읽기를 꾸준히 실천하고 계신 초등교사 이유진 선생님을 모실 수 있는 행운을 잡았다.

송선미 선생님 강의 후 작가 이안 선생님 사인회

책벌레 권일한 선생님과 함께

2015 개정 교육과정에 국어과 한 학기 한 권 읽기가 2018년부터 전격 도입되면서 전국적으로 온작품 읽기 연수에 대한 관심과 열기가 전국적으로 높았고, 우리 연구회도 2018년~2019년 두 해에 걸쳐 '온작품 읽기'를 배우는 것에 집중하고 몰입했다. 교과서에 무채색으로, 분절되어 욱여넣어진 시나 이야기 대신 알록달록 색감과 질감으로 생동하는 작품집을 손에 들고 한 작품에 온전히 머무르면서 함께 시와 이야기를 읽어 내고 소감을 나누고 결과물을 공유하는 과정은 우리에게 새로운 세계가 열리는 경험이었다. 이야기가 교과서를 빠져나와 자기 옷을 입고, 자기 집을 찾으니 해방감 그리고 재미와 감동이 큰 데다, 같이 읽고, 같이 나누며 공유하면서 느껴지는 깊이와 여운은 지금까지 겪어 보지 못한 감동으로 다가왔다. 아이들보다 교사인 우리가 먼저 문학 작품을 통해 서로에게 따뜻하게 연결되는 시간이었다.

'어떻게 작품 한 권을 오롯이 읽어야 할 것인가?', '어떻게 깊이 있게 경험하고 나누게 할 것인가?'의 화두를 안고서 흥해남산초에 모였다. 그 포문을 당시 장원초등학교의 김정숙 수석 선생님께서 열어 주셨다. 수석교사로서 쌓은 이론적 토대와 아이들에게 적용한 경험을 아낌없이 내어 주신 값진 시간이었다.

다음은 그날의 포항협동학습연구회 일지다.

2018.3.29.(목) 포항협동학습연구회 일지

기록: 박미선

1. 16명 참여
- 영어: 조성희
- 2학년: 배준용
- 3학년: 김은희 김은경 김정숙
- 4학년: 곽연주 문석범 이지하
- 5학년: 박미선 장병철 정민경
- 6학년: 김경민 김진원 박미경 이장우 하희은

2. 후속 일정 안내

1) 온작품 읽기 세미나 직무연수
- 일정: 6.16.(토), 9.1.(토)
- 강사: 이유진 선생님, 송선미 시인님 & 이안 시인님
2) 협동학습 구조 탐구
- 4월 둘째 주부터 배준용, 곽연주, 하희은, 김진원, 김정숙, 정민경

3. 온작품 읽기의 실제 by 김정숙 수석 선생님

1) 1학기에 1개 단원(8차시 이상)
2) 교과서의 울타리를 벗어나 책을 끝까지 읽고, 타인과 생각을 나눈 후 쓰기 활동
3) 우리가 알고 있는 읽기 전중후 활동 접목
4) 학습지로 단권화 노트 만듦
- 책표지 질문하기
- 어려운 낱말 적고, 문맥적인 의미 파악하며 뜻을 추측하고 찾아보기. 예) 낱말 빙고
- 단어 1개~3개까지 활용한 짧은 글짓기
- 줄거리 쓰기
- 줄거리 간추리기, 인물 인터뷰하기
- 등장인물에게 어울리는 보석카드 찾기
- 추천하는 글쓰기로 응용됨

4. Point

1) 책 선정이 가장 중요함
2) 교사가 2/3 읽어 줌
3) 학교에서 긴 호흡으로 읽어 나가기

이렇게 온작품 읽기를 교실에 구체적으로 적용해 볼 토양을 다진 다음, 학년별로 작품을 선정에 들어갔다. 여러 후보작 중에서 고심 끝에 다음의 작품이 선정되었다.

- 3학년: 연오랑과 세오녀, 만복이네 떡집
- 4학년: 겁보만보
- 5학년: 팝콘 교실, 빨강 연필
- 6학년: 불량한 자전거 여행

다음으로 선정된 작품으로 모임 때마다 학년별로 삼삼오오 모여 앉아 온작품 읽기 공동 수업지도안을 논의했다. 지도안의 가독성을 높이기 위해 박미선 선생님께서 지도안의 큰 포맷을 만들어 보자는 의견을 제시해 주셨고, 작업도 기꺼이 맡아 주셨다. 이렇게 학년별 온작품 읽기 공동 수업지도안이 완성되었다. 작성된 공동 수업지도안을 각자의 교실에 적용하고, 매달 학년별로 돌아가며 대표 선생님께서 수업 영상을 나누어 주셨다. 우리는 '장기 기증'된 소중한 영상으로 수업 보기를 하며 수업자와 또 관찰자 서로의 배움에 깊이 있게 다가가는 시간을 가졌다.

다음은 3학년에서 6학년까지의 온작품 읽기 공동 수업지도안이다. 4학년과 6학년은 수업 후 연구회의 나눔 과정을 일지로 정리한 내용을 함께 실었다. 우리들의 고민-나눔-성장은 이렇게 깊어져 갔다.

1) 3학년: 연오랑과 세오녀

포항협동학습 연구회 온작품 읽기

‘연오랑 세오녀’ 온작품 읽기 개요

일 시	2018. 4월 ~ 5월	수업자	흥해남산초 교사 김은희
주 제	우리 고장의 옛이야기를 통하여 해양과 친해지기	대 상	3학년 19명(남 12 여 7)
도 서	연오랑과 세오녀	관련교과	국어, 사회, 체육, 창체
단 원	국어 책을 읽고 생각을 나누어요 사회 2-(1) 우리 고장의 옛이야기 체육 4. 표현	핵심역량	심미적감성역량
성취기준	[4국02-05] 읽기 경험과 느낌을 다른 사람과 나누는 태도를 지닌다. [4국03-05] 쓰기에 자신감을 갖고 자신의 글을 적극적으로 나누는 태도를 지닌다. [4국05-05] 재미나 감동을 느끼며 작품을 즐겨 감상하는 태도를 지닌다. [4사01-03] 고장과 관련된 옛이야기를 통하여 고장의 역사적인 유래와 특징을 설명한다.		
학습목표	○ 우리 고장의 옛이야기「연오랑 세오녀」조사를 통하여 해양과 관련 있는 포항의 지명, 자연환경, 생활 모습 등 해양적 특징에 대해 이해할 수 있다. ○ 그림책「연오랑과 세오녀」읽기를 통하여 문학적 관점에서 해양에 대한 감수성을 키우고 나아가 우리 고장의 바다에 대한 친밀감을 높일 수 있다.		
준비물	「연오랑 세오녀」그림책, 우리 고장 지도, 활동지, 현장체험학습(연오랑세오녀 테마파크)조사 계획서,「연오랑 세오녀」해설 자료,「설문대할망」동영상		
온작품 읽기 하기까지의 과정	본 수업자가 근무하는 학교가 해양연구학교이다. 3학년 교육과정 속에서 해양을 어떻게 접근할까 고민하다가 사회과 2-(1) 우리 고장의 옛이야기 단원의 포항에 전해 내려오는「연오랑 세오녀」이야기와 국어과 독서 단원을 연계하여 그림책「연오랑과 세오녀」를 선택해서 재구성하게 되었다. 포항협동학습연구회 3학년 선생님들과 피드백을 나누면서 총 19차시의 과정으로 만들어졌는데 가장 큰 의도는「연오랑과 세오녀」이야기를 온작품으로 만나면서 포항의 바다와 만나도록 하였으며, 책의 내용 가운데 해양적 요소와 만나는 부분은 따로 파생독서 활동으로 확장되도록 하였다.「연오랑과 세오녀의 바다이야기」라는 대주제 아래 연오랑 세오녀의 바다 알기, 연오랑 세오녀 읽기, 연오랑 세오녀 찾아가기, 연오랑 세오녀 느끼기 총 4가지 중주제로 나뉘어져 있다.		

온작품 읽기 수업 흐름

차시		차시 계획
연오랑세오	1	- 단원 개관 * 단원 전체의 내용을 살펴보고 생각그물 그리기 * 단원의 핵심 용어 익히기
	2~4	- 고장의 옛이야기 살펴보기 * 고장에 전해 내려오는 옛이야기로 고장의 자연환경 및 생활모습 알아보기 * 지명으로 고장의 특징 알아보기

녀의 바다 알기		* 지명으로 독도의 자연환경 알아보기 * 고장의 지명이나 자연환경 만들기
연오 랑 세오 녀 읽기	5	- 「연오랑과 세오녀」 그림책 만나기 * 표지 그림을 보며 내용 상상하여 쓰기
	6	- 그림책 「연오랑과 세오녀」 함께 읽기 - 파생 독서 활동 ① 　* 바다, 섬, 강, 곶에 대하여 알아보기 　* 포항의 해양 관련 자연환경과 이름 알아보기
	7	- 그림책 「연오랑과 세오녀」 함께 읽기 - 파생 독서 활동 ② 　* 해양 관련 직업 알아보기
연오 랑세 오녀 찾아 가기	8	- 「연오랑과 세오녀」 이야기와 관련 있는 장소의 현장 견학을 위한 조사 계획 세우기
	9~11	- 연오랑세오녀 테마공원, 호미곶 등대박물관 현장체험학습하기 * 「연오랑과 세오녀」 조사 보고서 쓰기
연오 랑세 오녀 읽기	12~13	- 파생 독서 활동 ④ - 「연오랑과 세오녀」 이야기에서 인상 깊은 장면을 그림으로 나타내기
	14~15	- 파생 독서 활동 ⑤ 　* 「연오랑과 세오녀」 이야기 읽고 이어질 이야기 상상하여 쓰기
	16	- 파생 독서 활동 ⑥ 　* 우리 고장의 '연오랑 세오녀' 이야기를 다른 고장 친구에게 소개하는 　　편지쓰기
연오 랑세 오녀 느끼 기	17	- 파생 독서 활동 ⑦ 　* 「연오랑과 세오녀」 이야기를 무용으로 표현하기
	18	- 주제 마무리 　* 「연오랑 세오녀」 이야기의 인상 깊은 부분 나누기 　* 「연오랑 세오녀」 이야기 조사 및 그림책 읽기 그리고 다양한 활동을 　　통하여 알게 된 점, 느낀 점 나누기

셋 **온작품 읽기를 위한 학습지**

<학습지 1>

★그림책 「연오랑과 세오녀」의 표지를 보고 내용을 자유롭게 상상하여 써 봅시다.

<학습지 2-현장체험학습 조사 보고서 양식>

- 연오랑과 세오녀를 찾아서 -

2018년 4월 19일 목요일
흥해남산초등학교
3학년 (   )반 이름 (   )

```
★ 준비물 ★
조사 계획서, 필기도구, 편안한 옷과 신발, 모자, 물, 간식(과자 1봉지, 음료수 1통)
비닐봉지(쓰레기 수거용), 휴대용 휴지, 휴대용 물티슈, 개인용 돗자리
```

1. 선생님의 안내를 잘 듣고 학급별, 모둠별로 **질서** 있게 행동합니다.

2. 체험할 때 **순서**를 잘 지키고 다른 사람들에게 방해가 되지 않게 **조용**하게 활동합니다.

3. 체험시 **질서** 있게 행동하며 뛰어 다니지 않고 **걸어** 다닙니다.
  – 바닥에 미끄러운 물질이나 턱을 주의하며 계단에서도 **질서** 있게 행동합니다.

4. 친구들에게 **다정**하게 말하며 화가 나더라도 바로 감정 표현을 하지 말고 **선생님께** 이야기 합니다.

5. 점심시간, 모이는 **시간**을 철저히 지키고 모이는 장소를 정확히 알고 행동합니다.

6. 버스에서는 **안전벨트**를 반드시 착용하며, 차가 움직일 때는 돌아다니지 않도록 합니다. 또한 차창 밖으로 손이나 고개를 내밀지 않도록 합니다.

7. 평소에 **소화**가 잘 안되거나 속이 좋지 않은 사람, 멀미를 잘 하는 사람은 버스에서 물 이외에 음식물을 먹지 않도록 합니다.

8. 차 안에서 **음식물**을 먹지 않도록 합니다.

9. **멀미**가 있는 학생은 반드시 차를 타기 전에 미리 약을 붙이거나 복용하도록 합니다. (비닐봉지와 휴지, 물티슈를 가져오도록 합니다.)

10. **위급**한 일이 생겼을 경우 선생님께 바로 알립니다.

11. **위험한 곳, 구석진 곳**에 가지 않으며, **성폭력**에 노출되지 않도록 항상 유의합니다. (화장실 이동시 2~3명 이상이 함께 가고, 활동 중 장소 이동은 꼭 선생님께 문의 하여 허락을 구하고 이동합니다.)

12. **과도한 돈, 비싼 물품(스마트폰, 카메라 등), 칼, 흉기, 인화물질, 게임기** 등은 가지고 오지 않습니다.

13. 음식을 먹고 난 자리는 반드시 **깨끗**하게 치우고, **쓰레기**는 되가져 옵니다. (비닐봉지 준비)

14. 도로에서는 차를 세우기가 어렵기 때문에 차를 타기 전에는 **화장실**에 미리 다녀오도록 합니다.

15. **즐겁고 안전한** 체험 학습이 되도록 모두 조금씩 **양보**하고 서로 **배려**하는 말과 행동을 하며 **협동**하는 우리가 됩시다.

1. 견학할 장소

①	
②	

2. 견학 장소의 위치

①		
②		

3. 우리 학교에서 견학 장소까지 이동하면서 본 것 중에 해양과 관련 있는 것

①		③	
②		④	

4. 견학 장소와 흥해의 다른 모습

①	
②	

5. 「연오랑 세오녀」이야기 조사하기

* 벽화를 찾아 그림의 내용을 1-2문장으로 정리하세요.

①	
②	

③		
④		
⑤		
⑥		

6. 아래 팻말이 있는 장소를 찾아서 다음 내용 조사하기

연오랑이 거북바위를 타고 동쪽 섬나라로 떠난 곳

*연오랑이 바위를 타고 도착한 곳-

*일본이 우리에게서 배우고 싶었던 것-

*만약 거북바위를 타고 가지 않았다면 무엇을 타고 갔을까요?
-

❷도구해수욕장

*도구해수욕장에서 '도구'의 옛날 이름-

*도구해수욕장은 연오랑과 세오녀가 무엇을 하던 곳일까요?
(책에도 나와 있어요.)
-

*도구의 또 다른 이름 -

＊만약 연오랑과 세오녀가 우리가 살고 있는 지금의 포항에 온다면, 어떤 생각이나 마음이 들까요?

-

＊만약 연오랑과 세오녀가 포항의 어떤 기술이나 물건을 일본에 또 가져가야 한다면 무엇을 가지고 갈까요?

-

＊「연오랑 세오녀」이야기는 왜 우리 포항 사람들에게 뿌듯하고 자랑스러운 마음을 가지게 할까요?

-

모둠별 미션 수행하기!

하나	연오랑 세오녀 사진이나 그림, 조각상 앞에서 연오랑 세오녀 얼굴과 모둠 친구 얼굴이 다 나오도록 사진 한 컷.
둘	연오랑 세오녀 글자가 써 있는 곳에서 글자와 모둠 친구 얼굴이 다 나오도록 사진 한 컷.
셋	거북 바위 앞에서 바다와 모둠 친구 얼굴이 다 나오도록 사진 한 컷.(선생님이 찍어 줍니다.)
넷	호미곶 광장에서 상생의 손과 모둠 친구 얼굴이 다 나오도록 사진 한 컷.
다섯	등대 박물관의 등대와 모둠 친구 얼굴이 다 나오도록 사진 한 컷.
여섯	모둠 함께 밥 먹는 사진 한 컷.
일곱	가장 다정해 보이도록 설정해서 모둠 사진 한 컷.

★ 사진을 찍어서 담임선생님 휴대폰으로 전송하면 미션 완성~!!

<학습지 3>

★「연오랑과 세오녀」이야기 가운데 인상 깊은 장면을 그림으로 나타내 봅시다.

★ 이 장면이 왜 인상적인지 그 이유를 써 봅시다.

–

<학습지 4>
★ 다른 고장의 친구에게 우리 고장의 옛이야기를 소개하는 편지 쓰기

호미곶 상생의 손	형산강	국립등대박물관	죽도시장	연오랑세오녀테마공원	포항 운하

성남서초등학교 3학년   반   에게

여객선터미널	호미반도 둘레길	영일대해수욕장	구룡포항	구룡포 과메기축제	포항제철소

교실 속 행복 부싯돌 협동학습

2) 3학년: 만복이네 떡집

포항협동학습 연구회 온작품 읽기

 수업을 준비하며 싹트다

수업자	포항장원초 수석교사 김정숙	대 상	3학년 3반 22명
주 제	깊이 읽고 생각과 느낌 나누기	도 서	만복이네 떡집

성취기준	4국02-02: 글의 유형을 고려하여 대강의 내용을 간추린다. 4국02-05: 읽기 경험과 느낌을 다른 사람과 적극적으로 나누는 태도를 지닌다. 4국03-05: 쓰기에 자신감을 갖고 자신의 글을 적극적으로 나누는 태도를 지닌다. 4국04-02 낱말과 낱말의 의미 관계를 파악한다. 4국05-05: 재미나 감동을 느끼며 작품을 즐겨 감상하는 태도를 지닌다.

학습목표	■ 책을 끝까지 읽고 중요한 내용이나 인상 깊은 장면을 말할 수 있다. ■ 책을 읽고 생각이나 느낌을 말할 수 있다. ■ 책을 꼼꼼히 읽고 중요한 내용이나 인물에 대해 말할 수 있다

온작품 읽기 하기까지의 과정	* 도서명: 만복이네 떡집, 김리리 지음, 이승현 그림, 비룡소 * 도서 선정 이유 　온작품 읽기 지도에 앞서 '아이들이 책 읽기에 재미를 느끼고 능동적으로 참여하게 할 수 있는 방법이 없을까?' 에 대한 고민이 있었다. 아이들에게 책읽기가 재미있고 의미있는 활동이라는 것을 생생하게 느낄 수 있는 기회를 제공하기 위해 또래들의 이야기를 소재로 한 책 중에서 전개가 쉽고 재미있는 책을 골라보았다. 　여러 종류의 창작동화 중 '만복이의 떡집'을 선정한 이유는 주인공 만복이가 아이들과 같은 또래이고, 만복이가 나쁜 말버릇 때문에 겪는 여러 사건들이 우리 아이들의 생활속에서도 많이 일어나는 사건들이어서 쉽게 공감할 수 있다고 생각되었기 때문이다. 더 나아가 책 읽기를 통해 자신의 말버릇을 되돌아보고 좀 더 나은 언어 생활을 다짐하고 실천하는 기회를 제공하고픈 마음이 있었다. * 독서단원 지도를 위한 사전 준비 　3학년 1학기 국어과 성취기준을 중심으로 교과내 통합이 가능한 단원을 선정했다. '만복이네 떡집'으로 낱말의 의미 파악하기, 글의 유형을 고려하며 줄거리 간추리기, 원인과 결과 찾기를 연계할 수 있으나 수업자에게 주어진 8시간을 고려하여 독서단원+낱말의 의미 파악하기+줄거리 간추리기 단원과 연계하였다. 8시간을 기준으로 읽기전, 읽기, 읽기 후 활동계획을 수립하고 활동에 필요한 학습지를 미리 제작하였다. * 아쉬움이 있다면 도서 선정 과정에 학생들의 의견을 제대로 반영하지 못한점이다.

단계	차시	차시 계획
읽기 전	1	▶ 독서단원이 뭘까? - 독서단원 수업 오리엔테이션 - 설정 취지와 공부 방법 소개하기 ▶ 만복이네 떡집 소개하기 -책 정보 찾기, 작가 탐구하기 ▶ 읽기 전 내용 추측하기 -책 표지, 그림, 목차 살펴보기 -'왜 까바' 놀이하면서 책 내용 추측하기(모둠 돌아가며 말하기)

읽기 중	2~4	▶만복이네 떡집 읽으면서 내용 알아보기 - 중요한 사건 메모하면서 읽기 - 낱말의 의미를 찾아가며 읽기 - 감명 깊은 문장이나 구절 메모하며 읽기(학습지에 메모하기) - 등장인물의 마음에 대해 이야기 하며 읽기
	5	▶낱말의 의미 알아보기(낱말빙고놀이) -낱말 뜻 맞추기 빙고놀이하기 -낱말을 넣어 짧은글 짓기 -여러 낱말을 넣어 문장 만들기 -모둠 돌아가며 읽고 최고의 내용 뽑기
	6	▶중요한 내용 간추리기(모둠돌아가며 발표하기, 정지동작) -모둠별로 정해진 범위를 다시 읽고 정지 동작으로 표현하기 -정지동작을 보고 중요한 내용 말하기 -중요한 내용을 연결하여 줄거리 간추리기(말하기)
읽기 후	7	▶ 등장인물 인터뷰로 인물의 마음 탐구하기(뜨거운 의자) -등장인물에게 궁금한 내용 질문만들기 -만복이, 엄마, 장군, 작가 역할정하기 -인물 인터뷰하기 -인물 인터뷰 후 새롭게 알게된 사실이나 느낌 나누기
	8	▶ 우리 반 떡집 체험하기 -자신의 나쁜 말버릇을 고치는 데 필요한 떡과 떡 가격 정하기 -떡집 간판 만들고 떡 가게 차리기 -떡 가격을 치르고 떡 먹기 ▶ 뒷이야기 꾸미기 -장군이네 떡집 이야기 꾸미기
	9	▶책 속의 보물찾기(외로운 종이 하나) -감동적이거나 재미있는 문장을 찾아 허니컴보드에 적기 -감동적인 문장과 그 이유 발표하기 ▶ 독서 활동 소감 나누기 -'만복이네 떡집'을 읽고 새롭게 알게된 점, 느낌 발표하기 -더 읽고 싶은 책 고르기 ▶ 자신의 독서 활동 평가하기

수업 속에서 자라다

🔲 [1차시] 배움 시작하기 [전체] [개별]

■ **동기유발하기**
○ 독서단원이 뭐지? 왜, 무엇을, 어떻게 알아보기
  - 미리 준비한 학습지 읽으며 독서단원 이해하기
○ 만복이네 떡집 정보 알아보기
  -책 정보 찾아보기

활동 의도(※) 활동 자료(★)

※독서단원은 긴 호흡으로 한 권을 온전히 읽고 생각과 느낌나누기, 생각 쓰기가 주요활동임을 사전에 안내한다.
★표지 사진(캡쳐)

🔲 [1차시]∨'만복이네 떡집' 내용 추측하기 [개인] [모둠]

■ **읽기 전 활동**
○ 질문만들기 연습하기
  -표지를 보고 질문만드는 방법 시범보이기
  -내용질문, 상상질문, 종합질문, 적용질문 만들어보기
○ 표지, 제목, 그림보고 질문 만들기
  -궁금한 내용을 질문학습지에 기록하기
  -모둠돌아가며 "왜 까바"놀이로 내용 추측하기
○ 대표 질문을 뽑아 읽기 과정중에 칠판에 게시하기
■ **∨활동 장면**

활동 의도(※) 활동 자료(★)

※ 다양한 형태의 질문을 만들 수 있도록 질문만드는 방법을 먼저 익힌다.

※읽기 과정내내 학생들이 만든 질문과 추측한 대답이 맞는지 확인하기로　학습동기를 유지 및 지속한다.

※내용질문, 상상질문, 종합질문, 적용질문 등 다양한 형태의 질문을 만들 수 있도록 안내한다.

🔲 [2~4차시]∨만복이네 떡집 읽고 내용 알아보기 [전체] [개별]

■ 만복이네 떡집 읽고 내용 알아보기
  ○ 만복이네 떡집 읽기
    - 낱말의 의미 관계를 파악하며 글 읽기
    - 중요한 사건 메모하면서 읽기
    - 감명 깊은 문장이나 구절 메모하며 읽기
    - 등장인물의 마음에 대해 이야기 나누며 읽기
■∨**활동 장면**

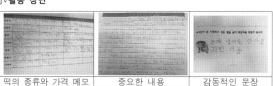

| 떡의 종류와 가격 메모 | 중요한 내용 | 감동적인 문장 |

활동 의도(※) 활동 자료(★)

★만복이네 떡집
학습지 모음 공책
※개별 학습지에 메모하면서 읽기
※다양한 읽기 방법을 적용한다(교사가 읽기, 두 문장씩 읽기 도미노로 돌아가며 읽기, 모둠내에서 돌아가면서 읽기)

▣ [5차시] 낱말의 의미 알아보기 `개인` `전체`

활동 의도(※) 활동 자료(★)

■ **낱말의 의미 알아보기 빙고게임하기**
○ 어려운 낱말과 뜻을 적은 학습지를 보고 빙고게임하기
 - 한 명씩 차례로 돌아가면서 뜻을 말하기
 - 뜻에 어울리는 낱말을 찾아 ○표시하기
 - 5줄이 완성되면 빙고외치기
■ **낱말의 의미를 살려 짧은 글짓기**
○ 어려운 낱말을 넣에 짧은 글짓기
 - 낱말 한 개를 넣어 문장 만들기
 - 낱말을 두 개, 세 개 확장하면서 문장 만들기
 - 모둠돌아가며 읽기

★빙고 학습지
 짧은글짓기 학습지
, 만복이네떡집 책, 사전

※낱말의 1개, 2개, 3개를
 점차 확장하는 짧은
 글짓기로 낱말의 의미를
 바르게 이해하고
 실생활속에서 활용할 수
 있는 능력을 기른다.

■∨**활동 장면**

| 낱말의 의미 | 낱말 빙고 | 짧은 글짓기 |

▣ [6차시] 중요한 내용 간추리기 `모둠` `개별`

활동 의도(※) 활동 자료(★)

■ **줄거리 간추리기**
○ 중요한 내용을 정지동작으로 나타내기
 - 모둠별로 정해진 부분을 다시 읽고 정지동작으로 표현하기
 - 정지동작을 보고 내용 말하기
 - 모둠별 내용을 연결하여 줄거리 간추리기
■∨**활동 장면**

※ 책을 다시 한 번 읽고
 중요한 내용을
 정지동작으로 표현하기
 활동으로 내용을 다시 한
 번 떠올리고 줄거리
 간추리기의 단서를
 제공한다.

★만복이네떡집
 줄거리 간추리기 학습지

| 정지동작으로 표현하기 | 정지동작을 보고 내용 말하기 | 내용을 연결하여 줄거리 간추리기 |

[7차시] 등장 인물의 마음 탐구하기 `개인` `전체`

■ 등장인물 인터뷰로 인물의 마음 탐구하기(뜨거운 의자)

- 등장인물에게 질문할 내용을 생각해서 질문만들기
- 만복이, 엄마, 장군, 작가 역할정하기
- 질문하고 대답하기
- 인물 인터뷰 후 새롭게 알게된 사실이나 느낌 나누기

■∨활동 장면

활동 의도(※) 활동 자료(★)

※자신이 등장인물이 되어보기, 등장인물에게 묻고 대답하기로 인물의 생각을 간접적으로 체험하고 공감할 수 있는 기회를 제공한다.

★질문만들기 학습지
 등장인물 명패

인물인터뷰질문만들기	인물 정하기	질문하고 답하기

[8차시] 우리반 떡집 체험하기 `개인` `전체`

■ 우리 반 떡집 체험하기

○ 나에게 필요한 떡과 가격 정하기

- 자신의 나쁜 말버릇을 고치는 데 필요한 떡과 떡 가격 정하기

○ 떡집 간판 만들고 우리 반 떡 가게 차리기

- 아의 떡과 내가 치른 떡 가격을 소개하고 떡 먹기

▶ 뒷이야기 꾸미기

- 장군이네 떡집 이야기 꾸미기
- 떡 먹기 체험을 바탕으로 자신의 이야기로 뒷이야기 꾸미기

■∨활동 장면

활동 의도(※) 활동 자료(★)

※책에서 읽은 내용을 학생들의 삶과 연결짓기 위해 자신이 고치고 싶은 나쁜 버릇을 떠올려 가격을 치르고 떡먹기 체험을 함

★떡가게 이름
 여러 가지 떡
 떡이름과 가격이 적힌 팻말

나에게 필요한 떡과 가격 정하기	떡값치르고 떡 먹기

[9차시] 책 속의 보물찾기 및 배움 정리 `모둠` `전체`

■ 책 속의 보물찾기(외로운 종이 하나)

- 허니컴보드에 감동적이거나 재미있는 문장을 찾아 적기
- 허니컴보드를 칠판에 붙이고 감동적인 문장과 그 이유 발표하기

■ '만복이네 떡집'을 온전히 읽은 소감 나누기

- 새롭게 알게 된 점, 느낌 말하기
- '만복이네 떡집'을 읽고 새롭게 알게된 점, 느낌 발표하기

■ 자신의 독서 활동 평가하기

- 평가 기준에 따라 자기평가하기 및 더 읽고 싶은 책 정하기

■∨활동 장면

활동 의도(※) 활동 자료(★)

※외로운 종이하나 구조로 모둠원들이 모두 참여하고 서로 의사소통하면서 중복되는 내용이 없도록 한다.

★허니컴보드, 보드마커
 자기평가학습지

소감 나누기	책속의 보물 전시	자기평가하기

수업을 맺으며 꽃피우다

수업을 되돌아보니..

⚘ **좋았던 점**

만복이네 떡집을 읽고 소감나누기 시간에 아이들이 한 이야기 모음

 - 두꺼운 책을 끝까지 읽을 수 있을까 생각했는데 한 권을 끝까지 읽어서 흐뭇하다.
 - 친구들과 함께 책을 읽으니 책읽기가 재미있다.
 - 책만 읽으면 지루할텐데 여러 가지 활동을 하니까 재미있었다. 특히 마지막 시간에 떡을 먹었던 일이 제일 좋았다.

⚘ **아쉬운 점**

 - 교사가 주도적으로 읽을 책을 선정한 점
 - 책을 끝까지 한 번은 읽었지만 다시 읽기, 더 찾아 읽기 등 반복적인 읽기 기회를 제공하지 못한점.

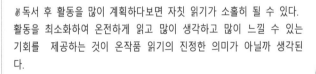

보다 나은 온작품 읽기를 위한 조언

⚘ 도서 선정 단계부터 아이들을 주도적으로 참여시키기 위해서는 교사가 먼저 독서단원의 성취기준 도달에 적합한 다양한 도서를 선정 제공하고, 학생들은 교사가 선정한 도서 가운데 자신이 읽고 싶은 도서를 선택한다면 학생들은 자신이 읽고 싶은 도서를 스스로 선택하게 되고 교사는 수업 진행이 용이할 것이다.

⚘독서 후 활동을 많이 계획하다보면 자칫 읽기가 소홀히 될 수 있다. 활동을 최소화하여 온전하게 읽고 많이 생각하고 많이 느낄 수 있는 기회를 제공하는 것이 온작품 읽기의 진정한 의미가 아닐까 생각된다.

3) 4학년: 겁보만보

우리는 돌고 돌아 결국 제자리로 온다. 수업이 어려워서 누군가의 도움이 필요했고, 협동학습의 철학과 가치 그리고 구조에 매료되어 아이들에게 일상 속에서 배움이 좀 더 가까워지기를 고대하며 많은 선생님들과 교육과정 그리고 수업에 대해 연구하는 시간을 보내며 협동하는 교실 그리고 함께 어우러지는 삶을 꿈꾸며 그 중심에 서기 위해 다양한 방법으로 도전하는 모습으로 드러났다.

포항협동학습 연구회 온작품 읽기

하나 수업을 준비하며 싹트다

대표 수업자	대잠초 교사 이지하	대상	4학년 1반 31명
주제	이야기 흐름 파악하여 이어질 내용 상상하기	도서	겁보만보
성취기준	4국05-03: 이야기의 흐름을 파악하여 이어질 내용을 상상하고 표현한다. 4국03-05: 쓰기에 자신감을 갖고 자신의 글을 적극적으로 나누는 태도를 지닌다. 4국05-05: 재미나 감동을 느끼며 작품을 즐겨 감상하는 태도를 지닌다.		
학습목표	이야기의 흐름을 파악하며 이어질 내용을 상상해 쓸 수 있다.		
온작품 읽기 하기까지의 과정	▶ 도서명 :『겁보만보』, 김유 지음, 최미란 그림, 책 읽는 곰 ▶ 도서 선정 이유 온작품 수업을 하기 전 이 수업을 왜 하는 것인가에 대한 고민을 했다. 온작품 읽기를 통해 학생들이 책에 대해 흥미를 갖게 하는 것이 무엇보다 중요하다고 생각했다. 책 읽기에 부담을 느끼는 것이 아니라 쉽게 접근할 수 있도록 가벼운 주제의 도서를 선정하고자 했다. 주인공인 '만보'가 학생들과 같은 또래라는 점, 방언의 재미있는 표현, 각 챕터 분량 및 내용의 적절성 등을 고려하였을 때 학생들의 흥미를 이끌어내기에 충분했다. '겁보'였던 '만보'가 용기를 얻는 과정을 통해 학생들도 자신의 단점을 생각해 보고 구체적인 실천 계획도 세우며 스스로 성장하는 기회를 마련해 주고 싶었다. 또한, 『겁보만보』는 열린 결말로 끝이 나 학생들로 하여금 다양한 결말에 대한 이야기도 들을 수 있어 활발한 독후 활동이 이루어질 수 있을 거라 기대하였다. 이러한 기회를 제공해 줌으로써 학생들은 적극적인 독자가 될 수 있다. ▶ 독서단원 지도를 위한 사전 준비 성취기준에 가장 적합한 4학년 1학기 5단원 '내가 만든 이야기'를 재구성하였다. 국어 8차시, 창체 1차시로 총 9차시 수업을 계획하였다. 먼저 읽기 전, 중, 후로 나누어 큰 틀을 잡은 후 각		

차시별로 다양한 활동이 들어갈 수 있도록 구성하였다. 해당 차시에 필요한 학습지는 9차시 분량에 맞게 미리 제작하였으며 수업의 흐름에 맞게 유동적으로 수정 및 보안 후 사용할 수 있도록 하였다.

* 본래 9차시로 계획했으나 4차시의 학습 내용이 많아 2차시로 나누어 진행함.

단계	차시	차시 계획
읽기 전	1	▶ '독서' 하면 떠오르는 생각은? 　- 독서에 대한 뇌구조 작성(Past & Future) 　- 독서단원 수업 목표 안내 ▶ 『겁보만보』 소개하기 　- 제목 나누기('보' 자로 끝나는 말), 표지 나누기 　- 겁이 났던 경험 나누기 ▶ 읽기 전 내용 추측하기 　- 이야기 엮기 활동을 통해 중요 사건 그림 보고 내용 예상하기 ▶ 독서 약속 정하기 　- 읽기 방법, 읽는 양, 독서규칙 등 ▶ 자신의 이름 뜻 조사해 오기(숙제)
읽기 중	2	▶ 『겁보만보』(챕터 1, 2) 읽으며 내용 알아보기 　- 교사가 책 읽어 주기, 눈으로 따라 읽기 　- 스스로 다시 읽으며 마음에 드는 문장 밑줄 긋기, 어려운 낱말 동그라미 하기 　- 국어사전, 유추를 통해 낱말 의미 살펴보기 　- 내용 정리 및 질문 만들기 ▶ 주인공 '만보' 소개서 만들기
읽기 중	3	▶ 『겁보만보』(챕터 3, 4) 읽으며 내용 알아보기 　- 교사가 읽어 주기(일부분은 학생 전체가 소리 내어 읽음), 눈으로 따라 읽기 　- 스스로 다시 읽으며 마음에 드는 문장 밑줄 긋기, 어려운 낱말 동그라미 하기 　- 국어사전, 유추를 통해 낱말 의미 살펴보기 　- 내용 정리 및 질문 만들기 ▶ 겁보딱지 만들기 　- 내가 가장 떼고 싶은 딱지(단점) 떠올리기 　- 라벨지에 적은 후 모둠별로 돌아가며 말하기 　- 우유갑에 붙여 고치고 싶은 마음을 담아 딱지 치기(쉬는 시간)
읽기 중	4	▶ 『겁보만보』(챕터 5) 읽으며 내용 알아보기 　- 교사가 읽어 주기(일부분은 학생 전체가 소리 내어 읽음), 눈으로 따라 읽기 　- 스스로 다시 읽으며 마음에 드는 문장 밑줄 긋기, 어려운 낱말 동그라미 하기 　- 국어사전, 유추를 통해 낱말 의미 살펴보기 　- 내용 정리 및 질문 만들기 ▶ 자신만의 보물 떡 만들기 준비 　- 딱지를 떼기 위한 구체적인 실천 방법 떠올리기 　- 친구의 딱지 들어 보고 실천 방법 교환하기

단계	차시	차시 계획
	5	▶ 자신만의 보물 떡 만들기 - 지점토로 보물 떡을 만들고 이쑤시개에 실천 방법 적어 꽂기 - 다른 친구의 보물 떡 살펴보며 나에게 필요한 떡 찾아보기
	6	▶『겁보만보』(챕터 6) 읽으며 내용 알아보기 - 교사가 읽어 주기(일부분은 학생 전체가 소리 내어 읽음), 눈으로 따라 읽기 - 스스로 다시 읽으며 마음에 드는 문장 밑줄 긋기, 어려운 낱말 동그라미 하기 - 국어사전, 유추를 통해 낱말 의미 살펴보기 - 내용 정리 및 질문 만들기

단계	차시	차시 계획
읽기 중	6	▶ 역할극 하기 - 만보, 호랑이, 아빠, 해설 역할 나누어 역할극 하기 　(인물의 말: 대사, 표정 및 행동: 지문, 장면 소개: 해설)
	7	▶『겁보만보』(챕터 7) 읽으며 내용 알아보기 - 교사가 책 읽어 주기, 눈으로 따라 읽기 - 스스로 다시 읽으며 마음에 드는 문장 밑줄 긋기, 어려운 낱말 동그라미 하기 - 국어사전, 유추를 통해 낱말 의미 살펴보기 - 내용 정리 및 질문 만들기 ▶ '도깨비 빤스'를 만보 시점으로 개사하기(모둠) - 노래 '도깨비 빤스'에 맞추어 만보 시점으로 개사하기
	8	▶『겁보만보』(챕터 8) 읽으며 내용 알아보기 - 교사가 읽어 주기(일부분은 학생 전체가 소리 내어 읽음), 눈으로 따라 읽기 - 스스로 다시 읽으며 마음에 드는 문장 밑줄 긋기, 어려운 낱말 동그라미 하기 - 국어사전, 유추를 통해 낱말 의미 살펴보기 - 내용 정리 및 질문 만들기 ▶ 이어질 이야기 상상해서 쓰기 - 상상한 이야기 모둠별로 돌려 읽기, 전체 나누기
읽기 후	9	▶ 용기를 주는 보물 떡 팔기 - 자신이 만든 보물 떡 가게 꾸미기 - 나에게 필요한 보물 떡 확인하기 - 보물 떡 주인에게 응원의 말 적어 주고 보물 떡 사기
	10	▶『겁보만보』책 읽고 난 후 소감 나누기 -『겁보만보』책 읽은 소감 돌아가며 말하기 - '독서' 하면 떠오르는 생각 뇌구조 작성하기(Past & Future) ▶ 나만의『겁보만보』책 만들기 - 학습지 연결 및 표지 제작

배움 시작하기 전체:활동 형태	활동 의도(※) 활동 자료(★)
■ 동기유발하기 　○ 독서단원 설명하기 　　- 독서에 대한 뇌구조 작성(Past & Future) 　　- 나와 친구의 생각 비교하기 　○ 겁보만보 소개하기 　　- 제목 나누기('보' 자로 끝나는 말), 표지 나누기 　　- 겁이 났던 경험 나누기 　○ 읽기 전 내용 추측하기 　　- 이야기 엮기 활동을 통해 중요 사건 그림 보고 내용 예상하기 　○ 독서 약속 정하기 　　- 읽기 방법, 읽는 양, 독서규칙 등	※ 독서단원의 필요성과 수업 흐름을 안내한다. ※ 독서에 대한 생각을 자유롭게 나누고 공감할 수 있도록 충분한 시간을 제공한다. ★ 표지 사진(캡처), 학습지, 중요 사건 그림 4장, 모둠 활동판

■ 활동 장면

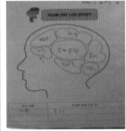 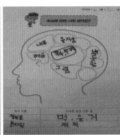 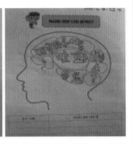

[활동 1] 『겁보만보』 읽고, 내용 파악하기 개인 모둠	활동 의도(※) 활동 자료(★)
■ 1~2챕터 읽기 ○ 이야기 읽고 내용 파악하기 　- 눈으로 따라 읽기 　- 스스로 다시 읽으며 마음에 드는 문장 밑줄 긋기 　- 어려운 낱말 동그라미 하기 　- 국어사전, 유추를 통해 낱말 의미 살펴보기 　- 내용 정리 및 질문 만들기 　- 이름에 담긴 의미 알아보기 ○ 주인공 만보 소개서 만들기 ■ 활동 장면   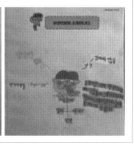	※ 어려운 낱말이 없을 　경우 문맥에서 유추 　하고 넘어간다. ※ 이름 뜻 알아보기 활 　동을 통해 이름에 담 　긴 부모님의 마음을 　알아본다. ※ 만보 소개서 만들기 　활동은 후속 차시에 　나오는 만보에 대한 　새로운 정보를 추가 　할 수 있다. ★ 학습지

[활동 2] 『겁보만보』 읽고, 떼고 싶은 딱지 떠올리기 전체 모둠	활동 의도(※) 활동 자료(★)
■ 3~4챕터 읽기 ○ 이야기 읽고 내용 파악하기 　- 눈으로 따라 읽기 　- 스스로 다시 읽으며 마음에 드는 문장 밑줄 긋기 　- 어려운 낱말 동그라미 하기 　- 국어사전, 유추를 통해 낱말 의미 살펴보기 　- 내용 정리 및 질문 만들기 ○ 겁보딱지 만들기 　- 내가 가장 떼고 싶은 딱지(단점) 떠올리기 　- 라벨지에 적은 후 모둠별로 돌아가며 말하기 　- 우유갑에 붙여 고치고 싶은 마음을 담아 딱지치기 ■ 활동 장면   	※ 자신의 단점을 숨기는 　것이 아니라 발견하 　는 것에 초점을 두고, 　다음 차시에서 이를 　극복하기 위한 실천 　방법을 떠올려 본다. ※ 쉬는 시간에도 허용 　하되, 이길 경우 상대 　의 딱지를 뺏은 것이 　아니라 자신의 딱지 　에 상대의 이름을 적 　도록 한다. ★ 라벨지, 학습지, 우 　유갑

[활동 3] 『겁보만보』 읽고, 보물 떡 만들기(1) 개인 전체	활동 의도(※) 활동 자료(★)

■ 5챕터 읽기
- ○ 이야기 읽고 내용 파악하기
  - 눈으로 따라 읽기(일부분은 학생 전체가 소리 내어 읽음)
  - 스스로 다시 읽으며 마음에 드는 문장 밑줄 긋기
  - 어려운 낱말 동그라미 하기
  - 국어사전, 유추를 통해 낱말 의미 살펴보기
  - 내용 정리 및 질문 만들기
- ○ 자신만의 보물 떡 만들기 준비
  - 딱지를 떼기 위한 구체적인 실천 방법 떠올리기
  - 친구의 딱지 들어 보고 실천 방법 교환하기

※ 누구에게나 떼고 싶은 딱지가 있음을 깨닫고 서로에게 해결책을 제시함으로써 긍정적으로 변화할 수 있는 계기를 마련한다.

★ 학습지

■ 활동 장면

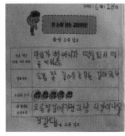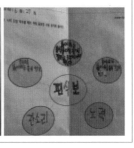

[활동 4] 『겁보만보』 읽고, 보물 떡 만들기(2) 개인 전체	활동 의도(※) 활동 자료(★)

■ 보물 떡 만들기
- ○ 보물 떡 만들기
  - 지난 차시에 떠올린 다양한 실천 방법을 바탕으로 재료 선택하기
  - 지점토로 보물 떡을 만들고 이쑤시개에 실천 방법 적어 꽂기
  - 다른 친구의 보물 떡을 살펴보며 나에게 필요한 떡 찾아보기

※ 실천 방법의 중요도에 따라 재료의 양을 달라지게 하여 어떠한 노력이 필요한지 생각해 본다.

★ 지점토, 이쑤시개, 학습지

■ 활동 장면

교실 속 행복 부싯돌 협동학습

[활동 5] 『겁보만보』 읽고, 역할극 하기 개인 모둠	활동 의도(※) 활동 자료(★)

■ 6챕터 읽기
○ 이야기 읽고 내용 파악하기
  - 눈으로 따라 읽기(일부분은 학생 전체가 소리 내어 읽음)
  - 스스로 다시 읽으며 마음에 드는 문장 밑줄 긋기
  - 어려운 낱말 동그라미 하기
  - 국어사전, 유추를 통해 낱말 의미 살펴보기
  - 내용 정리 및 질문 만들기
○ 역할극 하기
  - 만보, 호랑이, 아빠, 해설 역할 나누어 역할극 하기
   (인물의 말: 대사, 표정 및 행동: 지문, 장면 소개: 해설)
 	
■ 활동 장면

	※ 역할극으로 표현함으로써 인물이 어려움을 극복하는 과정을 몸소 느끼도록 한다.
	
	★ 학습지

[활동 6] 『겁보만보』 읽고, 개사하기 개인 모둠	활동 의도(※) 활동 자료(★)

■ 7챕터 읽기
○ 이야기 읽고 내용 파악하기
  - 눈으로 따라 읽기(일부분은 학생 전체가 소리 내어 읽음)
  - 스스로 다시 읽으며 마음에 드는 문장 밑줄 긋기
  - 어려운 낱말 동그라미 하기
  - 국어사전, 유추를 통해 낱말 의미 살펴보기
  - 내용 정리 및 질문 만들기
○ '도깨비 빤스'를 만보 시점으로 개사하기
 	
■ 활동 장면
1. 겁 많은 만보는 시장 가요. 놀랐어요. 길 가다 고양이를 만났어요. 한 고개 넘었을 땐 할머니를 만났어요. 떡 1개 얻어먹고 힘이 나요. 두 고개 넘었을 땐 호랑이를 만났어요. 도깨비와 씨름해서 이겼어요. 신이 나요.
2. 만보는 겁이 너무 많아요. 시장 갈 때 떡도 먹고 호랑이 만나고 이겼대요. 만보는 겁이 없어질까. 도깨비 만나고 씨름할 때 또 이겼대요. 만보는 시장을 갈 수 있을까.
	※ '도깨비 빤스'노래를 만보 시점으로 개사함으로써 만보의 성장 과정을 생각해 볼 수 있다.
	
	★ '도깨비 빤스' 음원, 학습지

[활동 7]『겁보만보』읽고, 이어질 이야기 상상해서 쓰기 개인 모둠 전체	

■ 8챕터 읽기
○ 이야기 읽고 내용 파악하기
  - 눈으로 따라 읽기(일부분은 학생 전체가 소리 내어 읽음)
  - 스스로 다시 읽으며 마음에 드는 문장 밑줄 긋기
  - 어려운 낱말 동그라미 하기
  - 국어사전, 유추를 통해 낱말 의미 살펴보기
  - 내용 정리 및 질문 만들기
○ 이어질 이야기 상상해서 쓰기
  - '누가 등장할까?', '어떤 사건이 일어날까?' 물음에 답하기
  - 이어질 이야기 상상해서 쓰고 모둠별/전체 나누기

※ 이야기 주제와 흐름을 생각하며 자연스럽게 이어질 수 있도록 지도한다.

★ 학습지

■ 활동 장면

(전략) 말숙이가 한 고개 넘다 할아버지를 만났어. 말숙이는 앞만 보고 갔지. 그러다 할아버지가 말숙이에게 말을 건 거야.
"어디 가소?"
말숙이가 대답했어.
"시장 가는데유?" "일루 와서 이거 먹고 가라. 이게 내가 키운 과일인디 맛있으니께 먹어 봐." "감사해유."
말숙이는 과일을 먹지 않고 가져갔어. 두 고개 넘을 때쯤 떡 먹다 죽은 호랑이의 영혼을 만났지. 호랑이 영혼이 말을 걸었어.
"손에 있는 과일 나 주라."
말숙이가 대답했어.
"안 돼! 이건 내 거야!" "네 거 내 거가 어디 있어! 나도 먹을 거야!" (후략)

[활동 8]『겁보만보』읽고, 보물 떡 사고팔기 개인 전체	

■ 나의 보물 떡 사고팔기 준비
○ 나에게 필요한 보물 떡 확인하기
  - 학급에 게시되어 있는 지점토 보물 떡 살펴보기
  - 나에게 필요한 보물 떡 정하기
○ 나에게 필요한 보물 떡 사고팔기
  - 나의 보물 떡 홍보하며 떡 팔기
  - 친구에게 응원 메시지 적어 주며 나에게 필요한 보물 떡 사기

※ 떡을 사기 전에 필요한 떡을 충분히 살펴볼 시간을 준다.
※ 단순히 떡을 사고파는 놀이에 그치지 않도록 떡을 살 때에는 떡 주인에게 응원 메시지를 적어준다. 이 활동을 통해 친구의 노력을 함께 응원한다.

★학습지, 떡, 접시, 포스트잇, 이쑤시개

■ 활동 장면

배움 정리하기 전체	활동 의도(※) 활동 자료(★)

■ 겁보만보 소감 나누기

○ 『겁보만보』 책 소감 나누기
- 모둠별로 돌아가며 소감 나누기
- 가장 기억이 남는 활동, 이유 말하기
- '독서' 하면 떠오르는 생각 뇌구조 작성하기(Past & Future)

○ 나만의 겁보만보 책 만들기
- 학습지 연결하기
- 표지, 면지, 책등 제작하기

■ 활동 장면

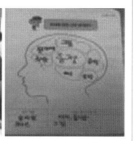

※ 1차시에서 했던 '독서' 하면 떠오르는 생각 뇌구조로 작성하기 활동을 마지막 시간에 다시 해 봄으로써 독서에 대한 생각이 어떻게 바뀌었는지 스스로 확인해 보는 기회를 제공한다.

★ 라벨지(A4 1/2 크기), 색연필, 사인펜, 학습지, 색지

셋 수업을 맺으며 꽃피우다

<table>
<tr><td colspan="1" align="center">수업을 되돌아보니…</td></tr>
</table>

▣ 좋았던 점

- 평소 수업 참여도가 낮은 학생, 글 읽기가 어려운 학생들도 즐겁게 참여하였다.
- 책 1권을 온전히 읽어 본 경험이 없는 학생들은 수업을 통해 한 권을 다 읽었다는 뿌듯함과 성취감을 느낄 수 있었다.
- 열린 결말로 끝나 활발한 토의가 가능했다.
- 겁보만보 2탄을 기다리는 학생이 생겼다.
- 아침 자습시간(1주일 1권 읽기)에 도움이 되었다.

▣ 아쉬운 점

- 국어 교과 한 단원만 연계해서 하다 보니 시간이 부족했다. 관련 단원을 더 연계하여 차시를 늘려 수업을 하면 좋을 것 같다.
- 질문 만들기 활동을 보다 활발하게 진행하지 못한 것이 아쉽다.

보다 나은 온작품 읽기를 위한 조언

수업 시간에만 읽을 수 있도록 책과 학습지는 모둠 바구니에 보관한다. 학습지는 매 시간 교사가 풀로 붙여 합쳐 놓으면 마지막 차시인 책 만들기 활동 시간을 단축할 수 있다.

1~3챕터까지는 교사와 학생이 함께 흐름 정리, 질문 만들기를 하여 방법을 천천히 익힌다. 4챕터부터는 학생들이 서로 의견을 주고받으며 흐름을 정리하고 질문을 만드는 모습을 볼 수 있다.

2018.6.28.(목) 포항협동학습연구회 일지

기록: 박미선

1. 4학년 온작품 이야기, 겁보만보 수업 보기
- 수업 영상: 유강초 곽연주 선생님
- 단원: 5. 내가 만든 이야기
- 수업 흐름
  - 모둠별 돌아가며 소리 내어 읽기
  - 스스로 다시 읽으며, 마음에 드는 문장 밑줄
  - 이해가 안 되는 단어에 표시하고 뜻 살펴보기
  - 내용과 관련하여 핵심 발문 2~3개
  예1) 나에게 힘을 주었던 말과 행동이 있나요?
  예2) 떡처럼, 나도 이런 것을 먹으면 힘이 난다
  - 자신만의 떡 개발하기(고치고 싶은 단점을 ○○보 누구라 쓰고, 특별한 비법 적기)
  - 지점토 떡 만들어 이쑤시개에 비법 붙여 꽂기

2. 수업자 이야기
- 포협 선생님들과 함께했기에 가능했던 일. 이지하 선생님의 학습지와 책! 놀라웠어요.
- 비법(레시피) 적기가 잘 이루어지지 않음
- 발문에 따른, 학생들의 삶 이야기를 하나씩 듣다 보니 시간 지연
- 수업대화를 위한 발문이 아쉬웠다.
  예) 나에게 힘이 되어 주는 음식은? 삼겹살/스테이크 등 단순한 대답
- 학생들이, 책 읽기의 즐거움을 느끼고 같은 작가의 다른 책도 읽고 싶어 했다.

3. 수업 나눔
1) 김은희
- 학생들과 경험을 연결하여 공감하려는 교사의 모습이 묻어난 수업.
- 4학년 선생님들의 놀라운 결과물(책). 핵심 Point 있는 학습지에 놀라움
- 학생들의 이야기에 적극적 지지 보이며 반응
- 교사의 허용적 태도 좋았음
- 겁보만보를 실감나게 읽기 위한 사투리 연습 신선했음(1~3차시에 있음)
- 겁보만보 vs 만복이네 떡집 오마주 느낌?

2) 박미경
- 온작품 읽기의 본연의 목적: 책을 좋아하고! 책을 통해 삶을 이해하고 연결 짓는 부분을 다시 한번 생각하자.
- 온작품 읽기가 국어 단원에서 도입되었는데 '스푼, 레시피' 사용은 지양

4) 5학년: 팝콘 교실

포항협동학습 연구회 온작품 읽기

하나 수업을 준비하며 싹트다

수업자	양서초 교사 장병철	대상	5학년 2반 21명
주제	시와 친해지기	도서	팝콘 교실
성취기준	[국1651-1] 자신이 인상 깊게 읽은 문학 작품에 대하여 이야기할 수 있다. [국1653-1] 비유의 의미를 알고 문학 작품에서 비유적 표현을 찾을 수 있다. [국1656-1] 작품의 내용이나 형식, 표현 방법을 모방하여 글을 쓸 수 있다.		
학습목표	▶ 시를 읽고, 시에 대해 자신의 생각을 말과 글로 표현할 수 있다. ▶ 작품의 내용이나 형식, 표현 방법을 모방하여 글을 쓸 수 있다.		
온작품 읽기 하기까지의 과정	▶ **도서명** :『팝콘 교실』, 문현식 시인, 창비 ▶ **온작품 읽기 하기까지의 과정** - 초등학교 교사이기도 한 시인이라 아이들의 교실 속 모습이나, 학생들의 시각이 아기자기하고 정겹게 드러나 있어서, 학생들이 좀 더 공감할 수 있다. - 교과서에 나오는 동시들은 무언가 나오는 상관없는 이야기인 듯하여 관심이 가지 않는다. 교사인 나부터가 관심이 없다 보니 아이들은 더더욱 그러하다. 나와 아이들이 동시에 관심을 가지고, 시가 주는 재미를 느껴 볼 수 있을까 하는 기대를 하고…		

차시	차시 계획
1	▶『팝콘 교실』수업 안내하기 √ 각 차시별 해야 할 내용 안내하기 　- 시선집(『팝콘 교실』에서 고른 시+자신이 쓴 시+2학기 동시집에서 고른 시) 만들기 　- 1시간에 2부씩 읽고, 마음에 드는 시 5편 고르기 → 최종적으로 1편 골라 시선집에 쓰고, 감상 나누기 　- 자신만의 시 쓰기(모방 또는 창작) 　- 시선집 꾸미기 　- 작품 감상 및 전체 감상 나누기 ▶『팝콘 교실』표지 살펴보기 √ 표지 그림 살펴보며 이야기 나누기 √ 작가에 대해 알아보기
2,3	▶『팝콘 교실』읽기 √ 1부씩 읽고, 5편 고르기 → 1편 골라 옮겨 쓰고, 고른 이유(생각, 느낌) 쓰기 √ 감상 쓰고, 나누기(협: 돌아가며 말하기)

4	▶ 자신만의 시 쓰기
	 ✓ 가장 마음에 들었던 시를 바탕으로 형식이나 표현 방법을 빌려 시 쓰기
	     - 모방, 창작
	 ✓ 시 낭송하기(협: 돌아가며 말하기)
	     - 모둠, 전체

5,6	▶ 시선집 만들기(미술) ✓ 시선집 만들고, 표지 꾸미기
7	▶ 시선집 감상하기 ✓ 다른 친구의 시선집을 읽고, 감상 남기기 - 모둠, 전체 ✓『팝콘 교실』활동 후 감상나누기

둘 수업 속에서 자라다

배움 시작하기 전체: 활동 형태	활동 의도(※) 활동 자료(★)

■ 동기유발하기
 ○『팝콘 교실』표지 살펴보기
    - 표지그림 살펴보며 어떤 내용일지 생각해 보기
    - 작가에 대해 알아보기
	※ 온작품 읽기를 하기전
	 시집에 대한 관심을
	 가지도록함.
	
	 ★ 표지 사진(캡처)

[활동 1] 읽고, 마음에 드는 시 옮겨 쓰기 개인 모둠	활동 의도(※) 활동 자료(★)

■ 동시 읽기
 ○ 1부씩 읽고, 마음에 드는 시 옮겨 쓰기
    - 1부씩 읽은 후, 마음에 드는 시 5편 고르기
    - 5편 중 최종 1편 골라 옮겨 쓰기
 ○ 고른 시 감상 쓰고, 나누기(협: 돌아가며 말하기)
 	
 ■ 활동 장면

	※ 시집 한 권을 온전히
	 읽고, 자신의 마음에
	 다가온 시가 생기길
	 바람.

[활동 2] 자신만의 시 쓰기 전체 모둠	활동 의도(※) 활동 자료(★)

■ 동시 쓰기
○ 형식이나 표현 방법을 빌려 시 쓰기
  - 시집의 시 형식이나 표현 방법 빌려 시 쓰기
  - 창작하여 쓰기
○ 시 낭송하기(협: 돌아가며 말하기)
  - 시 낭송하기
  - 감상 나누기
 	
■ 활동 장면

	※ 동시 쓰기를 어려워
	하는 아이들이 부담
	없이 동시를 써 볼 수
	있길 바람

[활동 3] 시선집 만들기 개인	활동 의도(※) 활동 자료(★)

■ 시선집 만들기
○ 시선집 만들기
  -『팝콘 교실』4편, 창작 1편, 2학기 5편 분량 시선집 만들기
  - 표지 디자인하여 꾸미기
 	
■ 활동 장면

	※ 자신의 의도와 생각
	이 드러나게 표지 디
	자인하기
	
	★도화지, 색지 등

[활동 4] 시선집 감상하기 모둠 전체	활동 의도(※) 활동 자료(★)

■ 감상하기

○ 다른 친구의 시선집을 읽고, 시에 감상평 달기

- 친구가 고른 시, 쓴 시에 대해 감상평(공감, 좋은 이유 등) 달기

■ 활동 장면

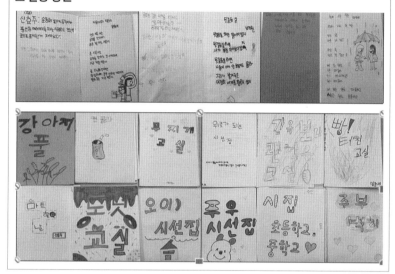

※ 다른 사람의 생각이나 느낌에 공감하는 태도와 능력을 기름.

배움 정리하기 전체	활동 의도(※) 활동 자료(★)

■ 『팝콘 교실』 활동 평가하기

○ 1권의 시집을 읽고 난 후, 소감 나누기

- 내 마음에 가장 와닿은 시와 이유 말하기
- 시 수업 후의 느낌 말하기

※ 동시 읽기를 통해 동시의 매력을 느끼고, 다른 동시도 찾아 읽고 싶은 마음이 들길 바람.

셋 수업을 맺으며 꽃피우다

수업을 되돌아보니…

■ 좋았던 점

- 아이들이 동시에 대해 편안한 마음을 가지게 되었다.
  (그러나, 스스로 찾아 읽는 아이는 여전히 거의 없다. ㅜㅜ)
- 동시를 통해 자신의 감정을 표현하고, 친구들의 칭찬과 공감을 통해 마음의 위로와 자신감을 얻는 아이들이 생겼다.

■ 아쉬운 점

- 시를 옮겨 쓴 학습지들을 모아서 시선집을 만들다 보니 시선집이 좀 중구난방이 되는 문제가 있었다.
- 1~4부 동안 같은 형식의 읽기와 쓰기를 하다 보니 조금 지겨워하는 경향이 있었다.

보다 나은 온작품 읽기를 위한 조언
시선집 만들기를 먼저 하면 아이들이 좀 더 좋은 몰입할 수 있을 것 같다. 각각의 시를 종이에 옮겨 쓴 후에, 모아서 시선집을 만들었더니 활동한 종이를 보관을 잘못하거나, 소홀하게 해서 막상 시선집을 만들 때 아쉬워하는 아이들이 있었다.

5) 5학년: 빨강 연필

5학년 온작품 읽기『빨강 연필』지도 사례

포항장원초등학교 수석교사 김정숙

하나 수업을 준비하며 싹트다

1. 단원명: 책을 읽고 생각을 넓혀요

2. 선정도서: 빨강 연필

3. 시간 운영 방법

- 수업 시기(매주 월요일 2시간 연속차시 운영)

학반	시기	차시	단계	비고
5-2	10.14.(월)	1~2	독서 전	
	10.21.(월)~11.18.(월)	3~12	독서	
	11.25.(월)	13~14	독서 후	

- 통합 방식: 독서 단원 단독 운영

단원명	성취기준
독서 단원. 책을 읽고 생각을 넓혀요	• 6국01-03: 절차와 규칙을 지키고 근거를 제시하며 토론한다. • 6국05-05: 작품에 대한 이해와 감상을 바탕으로 다른 사람과 적극적으로 소통한다.

4. 차시 지도 계획

단계	차시	주요 활동 내용	준비물 및 유의점
독서 전	1~2 /14	• 자신의 독서 습관 점검하기 　- 두뇌학습지에 자신의 독서실태 나타내기 • 『빨강 연필』 서지 정보 확인하기 　- 책표지, 목차, 저자 살펴보기 • 독서단원의 학습목표 확인하기 　- 성취기준을 보고 활동내용 정하기 • 제목, 목차를 보고 거꾸로 퀴즈 문제 풀기(학습지 6~7쪽) 　- 거꾸로 퀴즈 문제 해결하면서 내용 추측하기 • 읽기 전략과 활동 내용 약속하기 　- 개별 읽기, 짝 번갈아 읽기, 모둠 내 돌아가면서 읽기 　- 중요한 내용 밑줄, 메모, 정리하면서 읽기	• 국어 교과서 • 성취기준 ppt • 개별 도서(『빨강 연필』) • 개별 학습지 모음(공책)
독서		• 각 장을 읽고 중요한 내용 간추리며 읽기 　- 등장인물, 사건 정리하기 　- 내 마음에 남는 보석 문장 정리하기	

단계	차시	주요 활동 내용	준비물 및 유의점
독서	3~11 /14	• 거꾸로 퀴즈 내용 확인하면서 읽기 　- 책을 읽으면서 자신이 추측한 글과 실제 내용을 점검하면서 읽기 • 주인공의 감정의 변화 알아보기 　- 각 장을 읽고 주인공의 마음이 어떻게 변하는지 감정곡선으로 나타내기	• 『빨강 연필』 • 개별 학습지
독서 후	12~14 /14	• 인물 간 마음의 거리 나타내기 　- 등장인물 간 마음의 거리를 나타내고 이유 말하기 • 인물 성적표 만들기 　- 등장인물 3명을 선정하여 인물 성적표 만들기 • 토론 주제를 정해 토론하기 　- 독서토론하기 　- 생각을 모아 토론 글쓰기 • 독서 활동 성찰 및 평가하기 　- 자신의 독서 활동 되돌아보기 및 성찰하기 　- 독서 활동 상호 평가하기	• 학습지 • 개별 사진액자

■ 평가 계획

영역	평가 내용	평가 시기
독서 준비	책을 읽기 전 도서에 대한 호기심을 가지고 내용을 추측하기에 적극적인가?	1~2차시
독서	글을 읽고 내용을 바르게 이해하고 중요한 내용을 간추릴 수 있나?	3시~11차시
독서 후	글을 읽고 자신의 생각이나 느낌을 표현하고 공유하는 활동에 적극적인가?	12차시~14차시

둘 수업 속에서 자라다

[1~2차시] 배움 시작하기 `전체` `개별`

■ 동기유발하기

○ 자신의 독서 습관 점검하기

- 두뇌학습지에 자신의 독서실태 나타내기

○ 『빨강 연필』 서지 정보 확인하기

- 책표지, 목차, 저자 살펴보기

○ 독서단원의 학습목표 확인하기

- 성취기준을 보고 활동내용 정하기

○ 제목, 목차를 보고 거꾸로 퀴즈 문제 풀기(학습지 6~7쪽)

- 거꾸로 퀴즈 문제 해결하면서 내용 추측하기

○ 읽기 전략과 활동 내용 약속하기

- 개별 읽기, 짝 번갈아 읽기, 모둠 내 돌아가면서 읽기

- 중요한 내용 밑줄, 메모, 정리하면서 읽기

■ 활동 장면

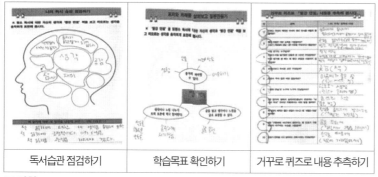

독서습관 점검하기	학습목표 확인하기	거꾸로 퀴즈로 내용 추측하기

■ 성찰

거꾸로 퀴즈를 독서 전 활동으로 2차시에 1~20장을 한 번에 해결했다. 내용을 추측할 수 있는 단서가 부족해서 어려움을 겪는 아이들이 있었다.

거꾸로 퀴즈를 읽기 중 활동으로 앞장에서 추측한 내용을 확인하고 다음 장을 읽기 전에 거꾸로 퀴즈 문제를 풀 경우 앞 이야기가 단서가 되기 때문에 내용을 추측하기가 쉬울 것이다.

활동 의도(※)
활동 자료(★)

★ 빨강 연필 학습지는 교사가 미리 제작하여 학생들에게 개별 제공하고 활용한다.

[3~11차시] 『빨강 연필』 읽고 내용 이해하기 전체 짝	활동 의도(※) 활동 자료(★)

[3~11차시] 『빨강 연필』 읽고 내용 이해하기 전체 짝

■ **독서 활동**

○ 1장 읽으면서 읽기 전략 알아보기
- 1장 '날개 잃은 천사'를 교사가 읽으면서 읽기 전략 설명하기
- 학습지의 중요한 내용 정리하기
- 주인공 민호의 마음 나타내기
- 거꾸로 퀴즈 문제 정답 찾고 채점하기

○ 2장~21장 읽으면서 내용 간추리기
- 모둠 돌아가면서 읽기, 짝 번갈아 읽기로 내용 알아보기
- 줄거리, 인물의 마음, 거꾸로 퀴즈 확인하기

■ **활동 장면**

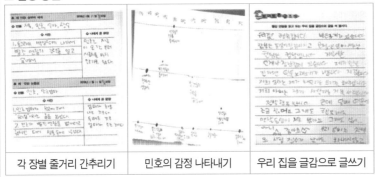

각 장별 줄거리 간추리기	민호의 감정 나타내기	우리 집을 글감으로 글쓰기

■ **성찰**

- 민호의 마음 나타내기와 거꾸로 퀴즈 문제를 따로 제시했더니 학습지 쪽수를 찾아가야 하는 불편함이 있었다. 내용 간추리기 학습지를 제작할 때 각 장의 시작 부분에 거꾸로 퀴즈 문제를, 마지막 부분에 민호의 마음을 표현하는 칸을 만들었더라면 아이들이 활용하기 쉬웠을 것이다.
- 읽기 중 활동으로 패러디한 '여우의 입장에서 본 아기돼지 삼 형제'를 들려주었다. 샛길로 빠지는 독서활동이 아이들에게는 색다른 읽기 경험이었나 보다. 아쉬움이 있다면 '패러디한 글쓰기'를 하지 못한 점이다.
- 민호가 이달의 작품으로 선정된 글감 '우리 집'을 주제로 글쓰기를 했는데 서로 공유는 하지 못했다.
- 게시용 소목차는 전시학습 상기하기와 글의 전체 흐름 파악하기에 유용하게 활용할 수 있는 자료이다.

활동 의도(※) 활동 자료(★)

★ 개별 도서: 빨간 연필
★ 개별 학습지
★ 게시용 소목차

※ 중요한 내용을 정리할 때는 모둠끼리 미리 의견을 교환한 후 중요한 내용을 선정해서 정리할 수 있도록 한다.

[12~14차시] 독서 후 활동　전체　개별	활동 의도(※) 활동 자료(★)

■ 독서 후 활동

○ '소시오그램' 활동으로 등장인물 간의 마음의 거리 알아보기

1. 중심인물 정하기(시우, 지오, 레오) 2. 『열세 번째 아이』에 나오는 인물, 사물 정하기 3. 중심인물과 친하면 가까이 서기, 친하지 않으면 멀리 서기 4. 교사가 터치하면 인물을 소개하고 가까이 또는 멀리 선 이유 말하기(동작으로 　표현하면서 말하기)

○ 감정 곡선을 모아 민호의 마음의 변화 알아보기
　- 전체 이야기 흐름 속에서 민호의 감정의 변화 나타내기
　- 감정 변화를 보고 알게 된 점 나누기

○ 등장인물 성적표 만들기
　- 주요 등장인물의 성적표 만들기
　- 이야기 흐름 속에서 민호의 감정의 변화 나타내기
　- 감정 변화를 보고 알게 된 점 나누기

○ 독서 토론하고 토론 글쓰기
　- 토론주제를 정하고 각자의 입장과 근거 정리하기
　- 찬반토론 하기 / - 토론 글쓰기

★ 개별 도서: 빨간 연필
★ 개별 학습지
★ 게시용 소목차
※ 실제 이야기 속 등장인물의 마음의 거리를 거리로 나타낸다.

※ 민호가 마음이 편하고 불편한 한 이유를 함께 나누고 자신을 돌아보는 기회를 갖는다.

※ 인물, 평가 영역을 스스로 선정하고 평가하는 이유를 제시할 수 있도록 안내한다.

■ 활동 장면

글 속에서 민호는 아버지를 많이 원망한다. 그런데 마음거리는 가까이 표현했다 이유를 물었더니 평소에 아버지를 미워한 게 아니고 많이 그리워했기 때문이라 했다.

소시오그램(인물 간의 마음 거리 나타내기)	인물 성적표

빨간 연필로 글을 쓰는 것은 옳은 일이다	민호의 마음의 변화

■ 성찰
- 책 읽기는 한 가지 방법을 고집하지 않고 아이들의 요구를 반영하여 짝읽기, 모둠읽기, 개별읽기, 교사가 읽어 주기 등 다양하게 활용했다. 초반에는 줄거리를 간추릴 때 중요한 사건을 찾지 못하는 학생이 많았으나 후반으로 갈수록 핵심내용을 잘 찾아가는 모습을 볼 수 있었다.
- 책 읽기 과정 중에서 생각 나누기가 필요한 내용이 있을 경우는 질문을 던져 함께 생각을 나누는 기회를 가졌다.(빨간 연필의 의미는 무엇일까? 지금 자신이 이겨 내야 할 나쁜 유혹은 무엇인지? 재규와 동철이의 행동?, 재규 엄마와 민호 엄마, 우리 엄마는?)
- 인물의 마음거리 나타내기에서 민호와 민호 아버지의 거리를 가깝게 표현한 학생이 있었다. 이유는 민호는 아버지와 함께 살지는 않았지만 아버지를 마음속으로 항상 그리워했기 때문이라고 했던 말이 아직도 마음에 남는다.

■ 제안
- 독서단원 단독 운영으로 항상 시간 부족에 대한 부담을 가지고 수업을 진행했다. 당초 10시간 계획이었으나 실제는 14차시 수업을 했다. 그러나 시간 부족에 대한 아쉬움이 많다. 이 문제는 국어교과 내 단원통합으로 시간을 확보한다면 아이들과 좀 더 여유 있게 책을 읽고, 더 많은 이야기도 나누게 된다면 아이들도 책 읽기의 참맛을 알게 될 것이다.

6) 6학년: 불량한 자전거 여행

포항협동학습 연구회 온작품 읽기

하나 『불량한 자전거 여행』 온작품 읽기 개요

적용 시기	2018학년도 8월 5주차~9월 2주차(3주간)	대표 수업자	포항대흥초 교사 김정준
주제	작품 속 인물의 삶과 나의 삶 연결 짓기(17차시)	대상	6학년 1반 26명(남 14 여 12)
도서	『불량한 자전거 여행』	관련교과	국어(중심), 미술
단원	국어 1. 인물의 삶을 찾아서 　　　5. 이야기 바꾸어 쓰기 미술 5. 자연 바라보고 듣기 　　　8. 재미있는 애니메이션	교과역량	문화 향유 역량(국어) 창의, 융합 능력(미술)
성취기준	[국1655-3] 문학 작품 속 인물의 삶을 통해 다양한 삶의 모습을 이해할 수 있다. [국1656-2] 작품의 일부를 바꾸어 쓰고 그 효과를 말할 수 있다. [미222] 여러 가지 재료와 용구, 표현 방법, 표현 과정 등을 탐색하여 표현하기		
준비물	『불량한 자전거 여행』(책), 연구노트, 포스트잇 플래그 등		
온작품 읽기 하기까지의 과정	온작품 읽기에서 가장 중요한 것은 책이 재미있어야 한다는 것이다. 친숙한 소재인 자전거가 아이들에게 쉽고 재미있게 다가갈 수 있다고 생각을 하였다. 더불어서 짧은 호흡의 문장, 무겁지만 무겁지 않은 이혼이라는 소재 등이 이 책을 온작품 읽기로 선정한 이유가 되었다. 『불량한 자전거 여행』은 주인공 '호진'이를 중심으로 하여 이루어지는 자전거 여행의 이야기를 한다. 등장하는 인물들은 자전거 여행을 하게 된 각자의 이유가 있다. 누군가는 술을 끊기 위해서 누군가는 용기를 얻기 위해서 누군가는 부모님의 이혼을 막기 위해서 자전거 여행을 한다. 책에 나오는 다양한 인물들이 추구하는 삶 속에서 '나'의 삶을 느껴 보게 하고 싶었다.		

차시	책 읽기	샛길 새기	연구노트	관련 교과(단원)
1~4(4)	Chapter 1~2	질문이 있는 교실 (질문으로 삶에 연관 짓기)	인물, 사건, 배경 정리	국어(1. 인물의 삶을 찾아서)
	Chapter 3~4		인물 관계도 그리기	
5~7(3)	Chapter 5	책의 내용을 애니메이션으로 만들기	인물이 추구하는 삶 파악하기(+ 편지 쓰기)	국어(1. 인물의 삶을 찾아서) 미술(8. 재미있는 애니메이션)
8~10(3)	Chapter 6	토론? 토론은 즐거워!		창체
11~13(3)	Chapter 7	자연물로 책의 내용 표현하기	인물의 성격, 배경 바꾸고 이야기 바꾸기	국어(5. 이야기 바꾸어 쓰기) 미술(5. 자연 바라보고 듣기)
14~16(3)	Chapter 8	나만의 여행코스 소개하기	나만의 자전거 여행 코스 계획하기	국어(2. 자료를 이용한 발표)
17(1)	마무리	삽화로 읽어요	서평 쓰기	창체

둘 『불량한 자전거 여행』 온작품 읽기 차시별 지도

1~4차시 책 읽기의 즐거움 속으로 전체 개인	활동 참고(※) 활동 자료(★)
■ 온작품 읽기(Chapter 1~4) ○ 인물 역할 정해서 읽기 　- 인물: 호진, 아빠, 엄마, 삼촌, 만석 등 　- 인물 외: 랜덤 읽기 방식으로 한 페이지씩 읽기 ○ 질문이 있는 교실(포스트잇 플래그를 활용) 　- 책 읽으면서 궁금한 점 물어보기(빨간색) 　- 인상 깊은 부분 소개하기(+이유)(노란색) ○ 연구노트 정리하기 　- 인물, 사건, 배경 정리하기 　- 인물 관계도 그리기	※ 1~4차시까지는 책 읽기 자체에 즐거움을 느낄 수 있도록 거의 모든 시간을 책 읽는 데 집중할 수 있도록 하였다. ※ 정하지 않은 인물을 읽을 때는 읽고 싶은 사람이 읽기 ※ 랜덤 읽기: 번호 뽑기(막대)를 통해서 뽑힌 번호가 읽기
■ 활동 장면 	★ 연구노트, 포스트잇 플래그

5~7차시 책이 나에게로 다가오다 전체 모둠	활동 참고(※) 활동 자료(★)
■ 온작품 읽기(Chapter 5) ○ 인물 역할 정해서 읽기 　- 인물: 호진, 삼촌, 만석, 문안, 희정 등 　- 인물 외: 번개 읽기 방식으로 한 페이지씩 읽기 ○ 애니메이션 만들기 　- 챕터 5까지 읽은 내용 중 가장 기억에 남는 사건을 애니메이션으로 만들기 　- 사진을 최대한 많이 찍어서(200장 이상) 어플을 활용하여 애니메이션으로 만들기 ○ 연구노트 정리하기 　- 인물이 추구하는 삶과 나의 삶 연결시키기 　- 호진이의 삶과 나의 삶을 비교하며 호진이에게 편지 쓰기	※ 번개 읽기: 먼저 읽고 싶은 사람이 바로 이어 받아서 읽기(같이 읽게 되면 같이 읽기) ※ 애니메이션 만들기는 모션스탑이라는 어플을 활용하여 만들었다.
■ 활동 장면 	★ 연구노트, 포스트잇 플래그, 휴대폰, 도화지, 색연필, 사인펜, 가위 등

8~10차시 토론? 토론은 즐거워! 전체 모둠	활동 참고(※) 활동 자료(★)

■ 온작품 읽기(Chapter 6)

○ 인물 역할 정해서 읽기

　- 인물: 호진, 삼촌, 할머니, 만석, 희정 등

　- 인물 외: 랜덤 읽기 방식으로 한 페이지씩 읽기

○ 교실 토론하기(독서토론)

　- 챕터 6까지에서 교실토론을 할 수 있는 논제 찾기

　- 논제 선정하기(찬반 의견을 통해서)

　　① **영규 아저씨는 여.자.친.구 회원으로 들어올 수 있다.(14 vs 12)**

　　② 삼촌은 올바른 인생을 살고 있다.(16 vs 10)

　　③ 호진이가 가출한 것은 옳은 일이다.(20 vs 6)

　　④ 삼촌이 영규 아저씨를 신고하지 않은 것은 옳은 일이다.(4 vs 22)

　- 토론 준비하기(입론, 반박, 요약 등): 연구노트에 정리

　- PREP로 본인의 의견 정리하기

P(주장) 저는 ~이라고 생각합니다.	
R1(근거1) 첫째, 왜냐하면 ~이기 때문입니다.	R2(근거2) 둘째, 왜냐하면 ~이기 때문입니다.
E2(자료1-경험, 신문기사, 책 등)	E2(자료1-경험, 신문기사, 책 등)
P(강조, 정리, 요약) 따라서 저는 ~이라고 생각합니다.	

　- 4:4 모둠토론으로 진행하기

찬성	반대
1. 입론(1분)	2. 입론(1분)
3. 반박(2분)	4. 반박(2분)
5. 상호질의응답(2분)	
6. 요약, 결론(1분)	7. 요약, 결론(1분)
8.판정	

■ 활동 장면

  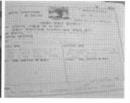

활동 참고(※) 활동 자료(★)

※ 교실토론 방식은 이영근 선생님의 '초등 따뜻한 교실토론'을 참고하여 진행하였다.

※ 논제 선정은 아이들이 직접 찾은 논제 중에서 가장 찬/반이 잘 나뉘는 것으로 선정하였다.

※ PREP 방식은 P(주장), R(근거), E(예시), P(강조)의 4단논법을 간단하게 정리한 방식으로 교실토론에서 쉽게 쓰일 수 있는 방식이다.

※ 판정은 4:4 모둠토론에 직접 참여하지 않은 반 전체의 학생들이 직접 토론의 승자를 판정하였다.(태도, 말, 논리, 협력, 형식, 윤리 등)

★ 연구노트, 포스트잇 플래그

	활동 참고(※)
11~13차시 이렇게도 생각할 수 있어요 전체 모둠	활동 자료(★)

■ **온작품 읽기(Chapter 7)**
- ○ 인물 역할 정해서 읽기
  - 인물: 호진, 삼촌, 만석, 아빠, 엄마 등
  - 인물 외: 번개 읽기 방식으로 한 페이지씩 읽기
- ○ 자연물로 표현하기
  - 챕터 7까지의 내용 중에서 가장 기억에 남는 사건을 자연물로 표현하기
  - 자연물로 표현할 내용을 미리 구상하여 컷별로 디자인하기
  - 자연물은 교내에 있는 나뭇잎, 나뭇가지, 돌멩이 등을 활용
- ○ 연구노트 정리하기
  - 인물의 성격을 바꾸어 이야기 바꾸기
  - 이야기의 배경(시간적, 공간적)을 바꾸어 이야기 바꾸기

■ **활동 장면**

※ 학생들이 자연물을 훼손하지 않고 떨어져 있는 것들만 활용할 수 있도록 지도한다.
※ 인물과 배경이 바뀌면 핵심사건이 바뀔 수 있음을 알 수 있도록 의도적으로 핵심사건을 바꾸어 쓰도록 지도한다.

★ 연구노트, 포스트잇 플래그, 자연물(나뭇잎, 나뭇가지 등)

	활동 참고(※)
14~16차시 여행을 떠나요 전체 모둠	활동 자료(★)

■ **온작품 읽기(Chapter 8)**
- ○ 인물 역할 정해서 읽기
  - 인물: 호진, 삼촌, 치연, 문안, 은영 등
  - 인물 외: 랜덤 읽기 방식으로 한 페이지씩 읽기
- ○ 나만의 여행코스 소개하기
  - 나만의 자전거 여행코스 계획하기(연구노트)
  - 내가 여행을 가고 싶은 여행지 소개하기(모둠별)

■ **활동 장면**

※ 역할을 나누어 여행지 소개자료를 준비하고 발표할 수 있도록 지도한다.

★ 연구노트, 포스트잇 플래그

17차시 내가 책 속으로 스며들다 전체 짝	활동 참고(※) 활동 자료(★)

■ 온작품 읽기 활동 마무리
- ○ 『불량한 자전거 여행』 삽화 그리기
  - 챕터당 2개씩 총 16개의 핵심사건을 삽화로 표현하기
  - 삽화를 연결하여 삽화로 책을 되돌아보기
- ○ 연구노트 정리하기
  - 이런 것을 배웠어요!
  - 이런 것을 더 알고 싶어요!
  - 『불량한 자전거 여행』 서평 쓰기(+별점)

■ 활동 장면

※ 반 전체에서 챕터와 핵심사건을 16개로 정리하고 학생들이 직접 골라서 짝끼리 삽화를 그릴 수 있도록 지도한다.

★ 연구노트, 포스트잇 플래그

셋 수업을 맺으며 꽃피우다

학생들의 A-Ha!	선생님의 M·I·S·O
■ 1학기 때 『몽실언니』에 이어 긴 책을 읽으니 한결 쉽게 읽은 것 같다. ■ 자전거 타는 것을 무서워했는데 『불량한 자전거 여행』 책을 읽고 나니 자전거를 타고 싶다는 생각이 든다. ■ 가족의 소중함을 새삼 느끼고 어머니, 아버지께 앞으로 잘해야겠다는 생각을 했다. ■ 집 나오면 개고생이라는 말을 믿게 되었다.	■ 무엇인가 함께할 수 있다는 것은 나를 설레게 한다. 함께 노는 것, 함께 밥을 먹는 것 그리고 함께 책을 읽는다는 것 자체만으로도 아이들에게 좋은 추억이 된 것 같다. 책을 읽으면 읽을수록 책에 빠져들어 재미를 느끼는 아이들을 보며 나도 함께 스며들어 즐길 수 있었던 시간이었다.

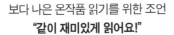

보다 나은 온작품 읽기를 위한 조언
"같이 재미있게 읽어요!"

2018.5.24.(목) 포항협동학습연구회 일지

기록: 김은희

1. 참석
홍진현(신입 선생님), 김진원, 박미경, 김경민, 김정숙, 조성희, 장병철, 서예지, 강민경, 허준영, 이장우, 문석범, 김은희, 김은경, 배준용, 곽연주 선생님(16분)

2. 구조 소개
- 포항원동초 김진원 선생님
- TALK Ball 소개
- 토크볼은 사람들의 대화를 촉진하기 위해 공과 질문을 결합하여 만든 도구로 총 30개의 면에 질문이나 아이콘이 있음
- 토크볼을 주고받으며 발표자를 선정하는 방법도 놀이처럼 다양하며 폭탄 Toss, 기억력 Toss, 369 Toss, 톡! 톡! 톡! Toss 등이 있음. 다양한 방법 개발 가능(실습할 때 위의 놀이 방법을 아느냐, 모르느냐로 나이 차가 확연히 갈렸음^^)
- 공을 받았을 때 오른손 엄지손가락이 닿아 있는 면의 질문을 하는 것이 원칙
- 질문이 마음에 들지 않을 경우 던져서 다시 받기로 다른 질문 가능
- 공의 종류도 다양하며 이 중에서 초등에는 상상볼, 흥미볼, 선택볼, 웜업볼, 관계볼, 함께 볼 등을 추천함
- 토크볼을 통해 놀이하듯 대화할 수 있고 편안하고 즐거운 분위기 속에서 서로를 더 잘 알아 가고 친밀하게 소통하면서 깊이 있는 대화가 이루어질 수 있는 것이 장점임
- 학지사 인사이트에서 10개 1세트/낱개 구매 가능
* 아이들과 놀이하며 소통할 수 있는 좋은 도구 소개해 주셔서 무척 유용했습니다.^^ 저도 아이들과 직접 해 보고 싶네요~

3. 수업 나누기
- 대표 수업: 해맞이초 6학년 박미경 선생님
- 6학년 온작품 읽기 책:『불량한 자전거 여행』
- 초간단 줄거리: 부모님의 갈등으로 충동적인 가출을 하게 되는 호진이. 자전거 여행 가이드를 하는 삼촌에게로 무작정 가서 1100km 자전거 여행을 팀과 함께 떠나게 된다. 여행에 참여한 사람들은 뜨거운 여름, 불편한 잠자리, 쏟아지는 장대비, 가파른 오르막 등을 견뎌 내며 저마다 자신과의 힘겨운 싸움을 하면서 자신을 들여다보고 삶의 문제를 풀어 갈 수 있는 용기를 얻게 된다.
- 도서 선정 이유: 부모님의 싸움, 이혼, 성적 불안, 부모님 잔소리, 학원에 대한 싫증과 불신, 자신감 결여 등 호진이가 겪는 이야기가 바로 우리 아이들이 겪는 이야기이자 삶이라 생각함. 책의 이야기를 통해 아이들의 내면의 힘든 이야기를 꺼내고 함께 나누고, 위로 받는 시간이 될 것을 기대함

- 수업의 고민: 아이들의 삶과 깊이 있게 연결되는 질문 만들기의 어려움, 교사의 끌어가기보다 아이들의 이야기가 더 활발히 일어나도록 하는 수업, 생각 나누기의 적절한 타이밍 찾기, 온작품 읽기 시간이 정식으로 확보되지 않은 6학년 특성상 다른 교과와의 재구성 시 효율적인 방법
- 수업 계획: 전체 8장 16차시로 계획함

- 1장
  부모님의 평소 모습 표현하기
  부모님의 싸움 경험 이야기하기
  가출해 보고 싶었던 경험 이야기하기
- 2장
  등장인물의 성격 파악하기
  광고지 비판적으로 보기
  자전거가 도착하는 곳 지명 공책에 적기, 사회과 부도 표시
- 3장
  등장인물의 성격 파악하기
  공동체 의식에 대해 이야기 나누기
  공동체를 위한 황금문장 만들기
- 4장
  호진이와 자전거팀이 지나간 곳 지도 표시
- 5장
  삼촌처럼 사는 방식에 대해 이야기 나누기(삶의 방식, 가치관 이야기)
- 6장
  자전거 여행자들이 각각 이겨 내려고 하는 것은?
  호진이가 이겨 내려고 하는 것은?
- 7장
  호진이가 깨달은 것은?
- 8장
  이어질 이야기 쓰기

* 수업 영상은 책의 1장을 읽고 이야기를 나누는 활동이었습니다.
책을 읽기 시작하면서 계속 아이들에게 질문이 던져집니다. 뭐가 불량한 거지? 제목 글씨체의 느낌이 어때? 혹시 우리 집의 평소 모습은 어때? 학원 가기 싫은 사람? 그런데 학원은 왜 가? 우리 엄마, 아빠가 싸울 때는? 가출하고 싶은 적은 없었어? 등등.
1장을 읽고 나서 같이 이야기 나누고 싶은 주제를 모둠별로 생각해 보기 시간이 있었는데 아이들이 과연 생각해 낼 수 있을까 하는 우려와는 반대로 저마다 의미 있는 지점에 대해 질문을 던지는 모습에 아이들을 믿지 못하는 건 바로 교사인 나구나 하는 생각이 들었습니다.
아이들이 이야기 나누고 싶은 주제를 가지고 모둠에서 이야기 나누고 그중에서 하나를 골라 반 전체가 같이 이야기를 나누어 가는 과정도 참 좋았습니다.

* 수업을 하면서 아이들의 진솔한 속마음이 나오기를 기대했는데 '우리 엄마, 아빠는 안 싸워요', '싸우는 걸 본 적이 없어요' 등의 이야기가 나와서 좀 당황스러웠다는 수업자의 소감이 있었습니다.
이것에 대해 부모님의 싸움, 이혼, 가출 등의 이야기는 꺼내기 쉽지 않은 묵직한 주제여서 이런 이야기를 충분히 꺼낼 수 있는 교실의 분위기가 형성되거나 좀 더 가볍게 접근할 수 있는 질문(혹은 작품)이면 좋겠다. 또 나의 이야기를 꺼내기 이전에 호진이의 가출에 대해 자신의 생각을 말해

보는 두마음 토론 등의 구조로 이야기 나누면 어떨까 하는 의견도 나왔습니다.
* 먼저 수업해 보신 이장우 선생님께서는 호진이의 경우처럼 엄마, 아빠의 싸움 중간에 끼어서 곤란했던 경험을 이야기 나누어 보았는데 발표가 너무 많아서 한 시간을 온전히 이야기를 들었다고 합니다.
아이들이 깊은 속마음을 이야기 나눌 수 있는 장이 펼쳐졌고, 그것이 바로 삶과 만나고 서로 힘든 것을 공유하고 또 치유해 가는 과정이라고 생각해서 교사는 이야기 나눌 수 있는 장을 마련해 주는 것이 중요하다고 생 생각한다는 말씀이 인상 깊었습니다. 물론 100% 공감합니다.
여기에서 한 걸음만 더 들어가 아이들의 마음을 모으고, 그 상처 난 마음을 어떻게 다루어 주어야 할 것인가 하는 생각도 더불어 같이할 수 있었으면 좋겠다는 의견 드립니다. 이 마음 다루기와 연계된 활동이 있다면 더 금상첨화일 것 같아요~
* 박미경 선생님께서는 수업 나눔을 위해 정말 여러 편의 영상을 촬영하셨는데, 그중에서 첫 촬영 수업으로 긴장감은 제일 높았고 계획은 부족하여 본인 스스로 만족감이 가장 낮았던 첫 영상을 선택하여 보여 주셨습니다.
가장 부족한 점이 많은 영상을 선택한 이유는 부족함에서 오는 고민 지점도 많아 함께 생각해 보면 좋겠다는 마음과 다음에 수업을 공개할 후배님들이 부담 없이 수업 나눔을 하면 좋겠다는 마음이었다고 합니다.
귀한 수업, 귀한 고민 내어 주신 박미경 선생님 정말 감사하고, 6학년 선생님들 모두 수고하셨습니다.^^

2018년에 시작한 온작품 읽기 공동 수업지도안 작성과 수업 보기는 2019년까지 이어졌다. 2019년에는 학년별로 새로운 작품을 가지고 수업 이야기를 나누었으며 또 한편 개인별로 각자의 교실에서 꽃피운 사례들도 다채롭게 쏟아졌다. 그것들이 연구회 안에서 공유되며 더없이 풍성해졌다. 이제 수업을 함께 고민하는 것은 우리에겐 참 자연스럽고도 당연한 일이 되었다. 서로의 에너지와 생각들이 살아 움직이며 시너지를 뿜어내는 시간과 공간 속에 어느 결엔가 협동은 우리에게 스며들어 서로를 물들이고, 그 속에서 우리는 더불어 숲으로 자라고 있었다.

나. 영어로 꽃피우는 협동학습

영어라는 언어를 매개로 함께 어울리는 세상을 꿈꾸다.

우리나라 사람들은 외국 사람을 만나면 완벽한 문장으로 의사를 전달해야 한다고 생각하는 경향이 있다. 그런 생각이 영어와의 친숙함을 무너뜨리고 영어라는 세계로 나아가는 첫걸음을 너무나도 어렵게 만든다. 그리하여 내가 생각하는 영어 수업이란 이러한 첫걸음을 가볍게 내딛도록 도와주고 한번 내딛은 그 발걸음이 느리더라도 천천히 뚜벅뚜벅 걸어갈 수 있도록 교실 안에서 아이들을 서로 소통하는 매개로서의 영어를 만나게 해 주는 것이라고 생각했다.

1) 대화를 위한 판을 짜다(상황 중심 영어)

'영어 수업을 어떻게 협동적으로 구성할 것인가?'에 대한 질문을 누군가 나에게 한다면, 모든 수업의 장면 하나하나를 협동학습으로 구성할 수 없다고 대답할 것이다. 최대한 협동하는 수업 환경을 구성하여 그 장면을 조금씩 더 확장하는 것이라고 답하고 싶다.
다음은 긍개동동을 구현한 수업 활동 장면 예시다.

① 3학년 Lesson 2. What's this?(YBM 최희경)

- Speed Reading(암기숙달구조-Pair Activity)

- What's this? It's a book. What's that? It's a chair.

- 목표 표현을 두 줄로 짝 활동을 할 수 있게 구성하여, 제한 시간을 두고 몇 번 읽었는지 확인하게 한 후에(역할을 바꾸고 또 연습) Role Play 형식으로 발표하게 하기

What's this?	It's a book.
What's this?	It's a bag.
What's this?	It's a pencil.
What's that?	It's a chair.
What's that?	It's a clock.
연습한 만큼 동그라미 색칠하기	
○ ○ ○ ○ ○ ○ ○ ○ ○ ○	

학습지 앞면

What's this? [왓츠 디스?]	It's a book. [잇츠 어 북.]
What's this? [왓츠 디스?]	It's a bag. [잇츠 어 백.]
What's this? [왓츠 디스?]	It's a pencil. [잇츠 어 펜슬.]
What's that? [왓츠 댓?]	It's a chair. [잇츠 어 체어.]
What's that? [왓츠 댓?]	It's a clock. [잇츠 어 클락.]
연습한 만큼 동그라미 색칠하기	
○ ○ ○ ○ ○ ○ ○ ○ ○ ○	

학습지 뒷면

- 주의사항: 짝이 어려워하면, 뒷면에 있는 발음이 있는 부분으로 충분히 연습하여 발음이 없는 부분으로 넘겨 연습하도록(읽도록) 짝 활동을 지도

② 4학년 Lesson 1. How are you?(YBM 최희경)

Great Together(암기숙달구조-Mingling Activity). "How are you?"라는 인사말에 "I'm okay."라고 답하는 표현 연습이다.

- 진행방법

i) 전체 학생들 중에 2명의 'I'm great.' 친구들을 비밀로 선정

ii) 'I'm okay.' 친구들 중에서 'I'm great.' 친구들을 만나면,

iii) 본인의 인사말 응답도 "I'm great."라고 변경됨

iv) 분을 설정하여 반 전체 미션을 제시함

v) 2분 안에 모두 'I'm great.' 되는지 도전하기! - 성공의 경험을 제공함

vi) 주의 사항: 천천히 걸어요. 소곤소곤 말해요. 기다려 주세요. 거리를 지켜요. 피하지 마세요.

vii) 반 전체 미션을 확인할 때, 아직 'I'm okay.'인 친구가 있다면, '다음 도전에서 잘 챙겨 주기!'라고 부탁하기! - 성공의 방법을 제시

③ 5학년 Lesson 1. Where are you from?(YBM 최희경)

띠빙고(암기숙달구조, 경청 - Whole Class Activity). 빙고와 같은 고전적인 활동이 현 시대까지도 유용한 것은 그 활동 안에 많은 철학이 담겨 있기 때문이라고 할 수 있다. 빙고 게임에서 중요한 것은 주요 낱말을 배치하는 전략도 있지만, 상대방이 말한 주요 낱말을 경청해야 하며, 마지막으로 운 또한 따라야 하는 필승 전략을 짜기 어려운 세상을 녹여 둔 거 같은 활동이기도 하다. 빙고는 참으로 단순하여 아이들이 집중력을 발휘하여 참여하는 것을 볼 때마다 '고전은 영원하다'라는 생각이 들기도 한다.

하지만 많은 교사들이 왠지 모를 죄책감으로 매번 원형의 모습의 빙고 활동만 진행할 수는 없었을 것이다. 그리하여 다양한 모습의 빙고 활동이 나타났는데, 그중에 가장 최근에 자주

사용하는 활동이 띠빙고다. 빙고보다 조금 더 복잡해서 저학년 어린이들은 어려워하기도 하지만, 더 많은 발화의 기회가 있으며, 빙고가 생각보다 쉽지 않아서 원형의 빙고보다 길게 활동을 이어 갈 수 있는 장점이 있다.(좀 더 확률을 낮추고 싶으면 9개 낱말 중에 8개를 골라서 진행하도록 안내한다.)

Korea	Mexico	USA	Kenya	Japan	the UK	Canada	China

- 진행방법

i) 띠종이(이면지) 8등분으로 접기

ii) 주요낱말 제시하기. 8개 또는 9개 중에 8개 고르기

iii) 방법 설명: 양끝에서만 부를 수 있고, 양끝에서만 동그라미 가능(동그라미보다 접거나 뜯어내면 더욱 직관적으로 이해 가능)

- 주의사항

i) 한번 나왔던 낱말이 또 나올 수 있다.

ii) 친구에게 본인이 원하는 낱말을 부탁하지 말기

④ 5학년 Lesson 3. Can I take a picture?(YBM 최희경)

허락 구하기 게임(암기숙달구조, 실제 상황 - Whole Class Activity). Can 또는 May를 사용하여 허락을 구하는 표현을 구하기 위한 구현하기 위해 좀 더 넓은 공간을 활용하였다.

- 진행방법

i) 한 반을 팀을 15명, 15명 A·B팀으로 구분하고 단계별 인원을 정해 준다.(1단계 6명, 2단계 5명, 3단계 4명) 각 단계별로 발화해야 하는 대화를 낱말 카드로 제시한다.

ii) 1단계 대화(Can I come in? - Sorry, you can't.)

iii) 2단계 대화(Can I go there? - Sorry, you can't.)

iv) 3단계 대화(Can I get it? - Sorry, you can't.)

v) 각 단계별로 대화를 하고 가위바위보 - 이기면 다음 단계

- 지면 처음으로

3단계까지 가서 가위바위보를 이기면 집게를 점수로 가져간다.

각 팀별로 5분씩 도전해서 A팀, B팀 어느 팀이 집게를 많이 모았는지 확인한다.

• 주의사항: 즐거운 활동을 하며 흥을 주체하지 못해 다치는 상황이 오지 않도록 주지시킨다.

⑤ 6학년 Lesson 1. I'm in the sixth grade.(YBM 최희경)

탈락 없는 눈치게임(암기숙달구조, 경청 - Whole Class Activity)이다. 눈치게임은 숫자를 익히기에 유용한 활동이다. 하지만, 문제는 탈락하는 친구들이 생기는 순간 활동이 중단된다는 것이다. 이에 탈락 없는 눈치게임을 통해 최대한 진행되는 숫자가 길어지도록 활동을 이끌어 갈 수 있는데 방법은 다음과 같다.

• 진행방법

i) 학습해야 할 숫자를 학습(이전 시간부터 꾸준히 미리. one, two, three… 6학년 1과에서는 서수로 first, second, third, fourth, fifth…)

ii) 모두 눈을 감고(미리 의논할 수 없음) 본인이 일어나고 싶은 순서에 숫자를 외치며 일어난다. (겹쳐서 일어나도 OK)

iii) 반별로 기록을 게시하여 실체가 없는 상대와 경쟁하게 한다. (기록이 상승할 때마다 아이들이 성취감을 느낄 수 있음)

- 주의사항: 실수하는 친구들이 있다면 "괜찮다."라고 다독이고, 다시 도전하는 것이 더 나은 선택이라는 사회적 기술을 연습한다. 어느 정도 익숙해지면, 한번 불렀던 숫자는 못 부르도록 한다. 첫 번째로 일어나는 친구, 마지막으로 일어나는 친구가 지속적으로 동일한 선택(one/first만 지속적으로 발화)을 하는 경우가 많아서다. (다양한 발화 연습을 위해)

⑥ 4학년 Lesson 8. What do you want?(YBM 최희경)

Survey - Find Out Someone(이 사람을 찾아라!)이라는 게임은 동시다발적으로 발화가 활발하게 일어나며 긍개동동의 원리가 잘 구현되는 활동이므로 개인적으로 가장 선호하는 활동이다. 모든 학년에서 다양한 주제로 사용할 수 있는 활동인데, 가장 적합한 주제는 다음과 같다.

- 3학년: Do you like apples?(좋아하는 음식)

  Can you swim?(할 수 있는 운동)
- 4학년: Let's play soccer. (운동 제안)

  What do you want?(원하는 음식)
- 5학년: My favorite subject is music. (좋아하는 과목)

  I will join a book club. (방학·주말 계획)
- 6학년: I want to be a pilot. (장래희망)

  What would you like to have?(음식 주문)

- 진행방법
i) 목표 표현을 충분히 학습한 후에 4차시 이상에서 했을 때 활동이 활발하게 잘 일어난다. 어려워하는 친구들을 위해 발음이 있는 부분을 한쪽 면에 배치하여 양면 학습지를 제공

한다.

ii) 손을 높이 들어서 대화할 친구가 필요함을 알린다.

눈이 마주치면, 대화를 진행하겠다는 신호로서 하이파이브를 한다.

(하이파이브는 소리가 나지 않게 살살하도록 지도 - 과격하면 다친다고 안내)

+ 코로나 시대에는 신체 접촉의 불안함으로 연필 크로스를 하도록 안내했다.

iii) 목표 표현을 활동하여 질문과 응답을 하고, 빈 곳을 친구들의 이름으로 채운다. ('No'라고 대답한 친구들이 기록도 채우고 싶어서 이름 옆에 'No'라고 쓰라고 지도하기도 하였다.)

- 주의사항

i) 사뿐사뿐 걷기

ii) 피하지 않기(교사가 다니면서 짝을 만들어 줘야 하는 경우도 있음)

iii) 서로의 이름을 부르지 않기(손을 높이 들어서 대화 상대 찾기)

iv) 하이파이브 살살하기(연필 없는 손 - 연필에 찔려 상처 입는 경우 방지)

v) 대화하고 싶은 친구가 이미 다른 친구와 대화 중이면, 기다리거나 다른 친구들을 만나기

vi) 너무 소란해지지 않도록 소곤소곤 말하기(이름 모으는 활동이므로 다른 친구들이 알지 못하게 비밀로 하라고 지도)

vii) 다양한 친구들을 만날 수 있도록 한 사람에게 한 가지 질문만 하기

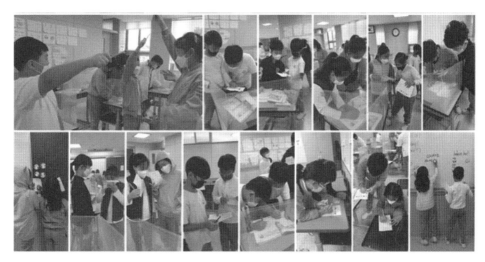

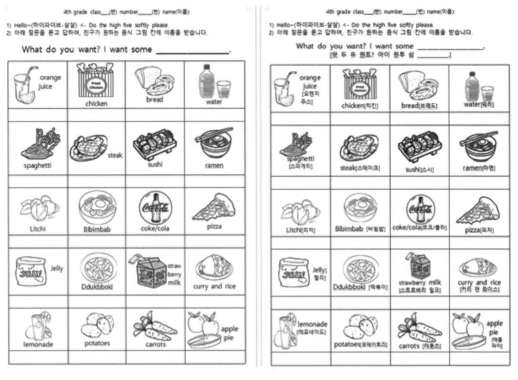

양면 Survey 학습지 구성의 예시

2) 교과서를 기초로 한 실제 영어

교과서를 보면, 실제 대화 상황에서 사용하지 않는 조금 이상한 표현들이 있다. 아주 정돈되고 공식적인 장면에서 나타날 법한 대화가 교과서에 제시되고 있으며, 아이들이 실제 상황에서 마주하게 될 영어 표현이란 좀 더 단순하고 내용 중심적이라고 할 수 있다.

첫 번째, 3학년 Lesson 11. How old are you?(YBM 최희경)에서는 나이를 묻고 답하는 표현이 나온다. 아이들이 출입국 상황에서 인지하고 있어야 할 표현이기는 하지만, 성인이 되었을 때, 무의식적으로 사용했다가는 개인정보를 물어본다는 오해를 받을 수도 있는 표현이다. 수업 중에 실제로는 나이나 주소 등 개인정보를 물어보는 것은 실례가 될 수 있다고 '꼭!' 주지

교실 속 행복 부싯돌 협동학습

시켜야 한다.

두 번째, 4학년 Lesson 1. How are you?(YBM 최희경)에서는 안부인사와 때에 알맞은 인사 표현이 단원에서 익혀야 할 주요 내용이다. 몇몇 교과서에서는 "How are you?"에 대한 응답 으로 "Not so good."을 제시하고 있다. 하지만, 'Not so good'이라는 표현을 사용할 수 있는 맥 락은 제시하고 있지 않다. 그렇다면 아이들이 지나가는 외국인과 "How are you?"라는 인사말 을 나누면서 "Not so good."이라는 표현으로 응답했을 때의 길을 지나던 외국인은 가던 길을 멈출 수밖에 없는 상황이 될 수도 있는 것이다.[1]

세 번째, 4학년 Lesson 4. Are you okay?(YBM 최희경)에서는 아이들이 감정을 학습할 단 원을 'Are you okay?'에서 제시하고 있다. 다른 출판사에서는 How are you? 단원에 감정 표 현을 학습하도록 안내되어 있는데, How are you? 단원은 감정을 학습하기에 적합한 단원이 아니다.

이는 우리가 "안녕(安寧)하세요?"라고 물었을 때, "안녕하지 않고, 배고파요."라고 답하는 것 과 같은 이치이다. 우스갯소리로 "How are you today?" "I'm fine, thank you. And you?"가 가 장 이상적인 인사말이기는 하다. 하지만, 매번 그렇게 같은 방법으로 인사를 하는 것은 동일 표현 반복을 지양하는 언어의 기본적인 용례에서 권장할 만한 방법은 아니기에 다양한 상황 과 관계에 알맞은 인사말을 배울 필요가 있다. (예시: How's it going? What's up? What's new? How are you doing? How have you been? Hello, stranger! 등)

그렇다면, 'Are you okay?'는 어떤 표현일까? 언젠가 외국인 친구들과 함께 장난을 치다가 울타리에 걸려서 호되게 넘어진 적이 있었다. 친구들이 득달같이 달려와 "Are you okay?"라고 물었을 때, "No, I'm not okay."라고 답했더니(본인은 진짜 아파서 그렇게 대답했다.) 친구들 이 내가 농담을 하는 것이라고 생각했다며 파안대소했다. 추후 이유를 물어봤더니 "Are you okay?"라고 물었을 때, 상대가 "No, I'm not okay."라고 하면 병원에 가야 하는 심각한 상황이 라고 했다. (구급차를 부를지 말지를 대답에 따라 결정한다고 했다. 물론 육안으로 심각함을

---

[1] "Not so good."이라는 응답은 친한 사이에 할 수 있으며, 대화를 물고를 트는 방식 중에 하나이기 때문이다.

구분할 수 있는 상황에는 상대가 "Yes, I'm okay."를 하더라도 구급차를 불러야 하겠지만)

다만, 이 단원에서는 여러 가지 감정을 'Are you'라는 질문과 연결하여 제시하고 있는데, 예를 들어 'Are you happy?', 'Are you hungry?', 'Are you tired?', 'Are you sad?'와 같은 표현이다. 전자의 두 가지 표현은 그래도 상황에 따라 종종 사용하는 표현이지만, 'Are you tired?'는 상대가 들었을 때 기분 나빠할 만한 표현[2]이고, 'Are you sad?'도 그리 자주 사용하는 표현은 아니다. 그렇다면, 감정을 자연스럽게 공유할 수 있도록 물고를 트는 자연스러운 대화 표현은 무엇일까? 역시 이는 우리나라의 대화법과도 비슷하다고 할 수 있다. 일상을 물어보다가(예시: What did you do yesterday? I had to clean my house. Oh, I see. You must be tired then.) 감정 대화로 자연스럽게 넘어가는 것이라고 할 수 있다. 작정하고 감정을 물어보는 대화는 동양에서나 서양에서나 반가운 경험은 아닐 것이다.

3) 경쟁과 보상

경쟁은 협동과 대비되는 대표적인 개념 중에 하나이다. 둘 중에 어느 부분에 중점을 둘 것인가는 수업자의 큰 고민 중에 하나일 것이다.

경쟁에도 순기능이 있고, 어느 순간에는 경쟁이 유효할 때가 있다. 하지만, 수년간 수업 시간에 갈등이 폭발하던 상황 안에는 강한 경쟁구조가 목격되기도 했고, 전담교사로서 아이들의 갈등이 수면으로 드러났을 경우 짧은 쉬는 시간에 이를 매끄럽게 해결하기는 쉽지 않았기에 강한 경쟁 활동을 지양하게 되었다.

보이지 않는 실체와 경쟁하게 한다거나 경쟁보다는 운에 의지하는 활동에 중점을 두게 되었다. 앞으로 교실 안과 밖에서 수많은 경쟁 상황에 놓일 아이들이기에 내 교실에서 만큼은 조금 밋밋하더라도 편안하고 안전하다는 기분을 느끼게 하고 싶었다. 그리하여 경쟁보다는 협동, 개별보상보다는 학급 온도계를 중점적으로 사용하게 되었다.

---

2) 'Are you tired?'라는 표현에는 상대의 판단을 내포하고 있는데, 이는 영어권에서는 외관적으로 충분히 꾸미지 않았거나 예의를 갖추지 않았을 때라고 생각하여 비아냥거리는 느낌이 있어서다.

4) 삶의 태도와 가치관이 녹아 있는 수업

많은 교사들이 그리하겠지만, 난 친근한 교사가 되기를 원하지 않는다. 소위 말하는 '꼰대'가 되더라도 할 말은 해야 하는 교사가 되고 싶다. 내가 바라는 아이들의 모습은 인간의 다양성을 존중하고, 본인을 둘러싼 많은 것들이 연결되어 있음을 인지하고, 또한 자신에게 주어진 일상을 소중히 여기고 즐기는 태도를 갖추도록 하는 것이다.

인간의 다양성을 인지시킬 수 있는 방법은 의외로 간단하다. 날씨를 묻고 답하는 상황에서도 다양성을 확인할 수 있다. 20도의 해가 쨍쨍한 날에도 어떤 아이들은 춥다고 하고, 어떤 아이들은 덥다고 한다. 그럴 때는 사람마다 온도를 느끼는 것이 다르다는 것을 끊임없이 인지시키며, '왜?'라는 질문을 하지 않도록 지도한다. (지식을 탐구하는 '왜?'는 권장하지만, '왜? 나와 달라?'라는 질문은 답할 수 없음을 안내한다. 다름에는 이유가 없다. 그저 다를 뿐이다.) 그리고 좋아하는 음식을 묻고 답하는 단원에서도 본인이 좋아하는 음식을 상대에게 강요할 수 없으며, 상대의 좋고 싫음은 그 사람의 특색이라는 것을 다시 한번 강조한다. 다르다는 것이 틀린 것이 아님을 일상 속에서 아이들이 깨달을 수 있기를 바라고 또 바랄 뿐이다.

① 10년째 진행하고 있는 Good Morning English(영어 동아리)

어느 날 학교 관리자 분께서 영어동아리를 교육청 공모를 통해 운영하지 않겠느냐고 제안을 하셨다. 학교에서 원하는 동아리 활동이란 영어독서반, 영자 신문반, 영어 토론반, 영어 연극반, 국제교류 수업 등등 수월성을 위한 활동인 경우가 많다. 관리자 분께서 분명히 어떤 종류의 영어 동아리라고 말씀하시지는 않았지만, 심화학습자들을 위한 영어 동아리 운영을 통해 우리 학교의 대표 사업으로 홍보(?)하시고 싶어 하는 것 같았다.

주 22시수 최소 세 개(3~6학년 중) 학년이 섞여 있으면 주 10차시 수업 준비는 기본으로 해야 하는 내게 시간과 노력을 많이 쏟아야 하는 영어 동아리 운영은 쉽지 않은 선택이었기에 내 에너지가 허락하는 내에서 진행할 수 있는 보충학습자들을 위한 영어 동아리 계획서를 교육청에 제출했다.

　다행인지 불행(?)인지 공모에 선정되어서 동아리를 운영하기 시작한 것이 벌써 10년 전 일이 되었다. 내 적극적인 의지로 시작된 영어 동아리 수업은 아니지만, 영어 동아리를 하면서 가장 크게 느꼈던 부분은 아이들의 성장이었다.

　교실 안에서 영어라는 과목과 사투(?) 혹은 내외하는 아이들에게 조금이라도 도움이 되고 싶은 마음에 아이들을 주 1회 아침 독서시간에 초대하여 교과서 주요표현을 읽고 따라 하고 시상하는 형식으로 진행된 수업에서 다른 누구와 비교하는 모습에서 벗어나 본인의 시작점에서 조금씩 나아가는 아이들을 볼 때마다 교사로서 학교에 있는 것에 보람을 느끼게 만들었다.

- 주요표현 학습-확인-보상
- 분기별 성취기준 달성 선물 제공(어린이날, 여름방학식 날, 빼빼로 Day, Halloween Day, 크리스마스 등)
    + 오후 희망사다리 수업으로 연계

② 점수 없는 평가지

　"선생님, 저 몇 점이에요?", "우리 반에 100점 몇 명이에요?" 단원평가 후에 아이들에게서 자주 들리는 이야기이다. 교실에서는 아이들의 발화 양상, 발표태도 또는 질문을 하는 관점 등등 다양한 방식을 활용하여 그 성취를 평가할 수 있다. 하지만, 대부분의 우리는 가장 편한 방법 중에 하나인 숫자를 통해 아이들을 평가한다. 100점, 50점, 0점… 그 숫자 안에 갇혀서 우리는 얼마나 많은 오류를 범하게 되는가? 100점의 평가 결과를 받는다고 해서 그 아이가 100점의 인격체가 아님을, 또한 0점을 받는다고 해서 그 아이가 0점의 인격체가 아님을 우리는 잘 알고 있다.

그리하여 어느 순간부터 나는 아이들 평가지에 점수를 매기지 않게 되었다. 평가 기록지에도 '듣기 문제 중에 판단 문제 오류' 같은 방식으로 기록하며 아이들의 특징에 집중하게 되고, 아이들에게도 점수는 중요하지 않다고 강조하며, 실수한 문항들을 다음 기회에 실수하지 않도록 주의하라고 안내하고, 오답 노트를 활용하여 자신을 돌아볼 수 있도록 지도하는 것이 아이들 또한 점수의 굴레에서 벗어나는 길이라고 믿고 있다.

③ 양면 학습지의 비밀(발음이 있는 면과 발음이 없는 면이 있는 학습지)

영어 시간이면, 영어를 읽는 것 자체를 부담스러워하면서 발표하는 것을 꺼리는 친구들을 종종 발견할 수 있다. 다양한 발표 기회를 위해 랜덤으로 발표자를 뽑기 때문에 영어 발화에 부담을 느끼는 학습자도 발표를 해야 하는 상황은 늘 있기 마련이다. 그를 위해 가능하면 발음이 있는 보충학습 자료를 제공하여 말하기를 연습하도록 지도하며 독려한다.

한글 발음을 활용해서라도 영어 발화 연습을 하는 것이 아무것도 하지 않는 것보다 언어 습득에는 도움이 되는 것이 사실이기 때문이다. 결국, 언어라는 것은 소통을 위한 하나의 매개이므로 영어 학습에서도 이를 적용하여 자신의 의견을 간단하게라도 표현하고, 이를 서로 이해하기 위한 태도를 기르는 것이 더 중요하다. 읽고 쓰는 것이 부족할지언정 상대와 대화를 하기 위한 노력과 의지 그 마음이 더 중요하다고 할 수 있으므로 학습자들에게 영어 발음을 한글 표현을 사용해서라도 말하기를 하겠다는 자세를 칭찬하지 않을 수 없다.

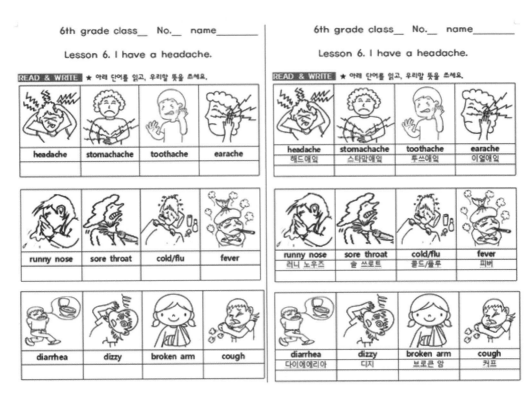

양면 학습지 예시

5) 영어와 놀이

아이들은 놀이를 통해 사회생활을 하고 또 자란다. 코로나 시대를 지나 다시 교실로 돌아온 아이들은 관계 맺기를 어려워하고, 갈등 상황을 해결하는 자연스러운 방법을 찾지 못하고 어려워하다가 결국, 학교폭력 사안으로 신고하는 경우가 많아졌다.

배우는 것 자체는 인내와 노력을 필요로 하는 일이기 때문에 진정한 배움의 기쁨을 누리며 학습을 하기는 누구에게나 쉽지 않은 일이다. 하물며 에너지를 끊임없이 발산하는 아이들은 오죽하랴. 그래서 내 수업 시간에는 다양한 놀이가 접목된 활동이 존재한다. 때로는 인지적 부분에 중점이 아니더라도 정의적으로 배우는 점이 훨씬 많은 것이 놀이기 때문이다. 영어를 매개로 놀이를 하는 아이들이 서로를 이해하는 폭이 넓어지고, 갈등 상황에서 문제를 하나하나 해결하는 경험이 쌓이기를 바라며 여러 가지 놀이 활동을 준비하게 된다.

① 땅따먹기

- 준비물: 땅따먹기 판, 동전
- 짝 활동: 동전을 쳐서 도달한 장소의 영어표현을 함께 읽고 본인의 땅을 표시하여 일정한 시간(10분) 이후에 땅의 개수를 확인한다.

- 주의사항
i) 영어표현을 정확하게 읽어야 한다고 강조.
ii) 활동 중에 발생 가능한 여러 경우를 미리 안내함.(동전이 경계선 또는 여러 땅에 함께 놓여 있을 경우에 있을 경우 읽고 싶은 부분을 읽도록 지도! 짝의 땅 또는 본인 땅에 들어갔을 경우 짝에게 기회가 넘어감! 보드 밖으로 나가면 짝에게 기회!)

② Four Corners Game

교실 공간을 활용하는 활동으로 각 구석에 주요표현을 부착한다. 표현을 뽑는 아이 한 명을 골라 교실 앞 의자로 초대한다. 나머지 아이들은 본인이 원하는 구석으로 이동하여 주요표현을 확인한다. 그리고 숟가락에 네 가지 표현을 부착하여 초대된 아이가 랜덤으로 표현을 뽑아 그 표현에 머무르고 있는 아이들은 탈락하여 본인의 자리로 돌아간다. 2~3회 정도 탈락한 후 남은 인원의 친구들에게 박수를 보내고 다시 활동을 반복한다.

- 주의사항: 영어표현을 계속해서 반복하도록 한다. 천천히 걸어서 이동하도록 하며, 숨거나 급우들 몸에 닿지 않도록 이동하게 지도한다.

③ Memory Game

플래시 카드를 활용하는 활동으로 낱말을 익히기 좋은 활동이다. 성취도가 낮은 학습자들에게는 그림을 함께 활용하여 진행하면 부담이 줄어들고, 성취도가 높은 학습자들과는 문자 낱말을 활용하여 활동을 진행한다.

모둠 안에서도 짝을 도와줄 수 있는 2:2 활동을 선호하게 된다. 결국에는 기억력이 좋아야 잘할 수 있는 활동이기는 하지만, 내 짝이 나를 도와 내 차례에 모둠(2명 모둠이지만)에 기여할 수 있다면 이것 또한 성공경험이 쌓이는 것이 아니겠는가?

④ Up or Down(What time is it?)

시간을 묻고 답하는 표현을 모형 시계를 사용하여 시간을 맞추는 활동으로 역시 힌트를 줄 때 오류를 줄이기 위해서 2:2 짝을 한 팀으로 이루는 모둠활동으로 진행한다. 모형 시계의 시간을 정하고 난 뒤에 상태 팀에게 "What time is it?"이라고 질문한 뒤에 응답을 바탕으로 Up or Down의 힌트를 준다. 둘 중에 힌트를 준 모둠원에게도 1점을 부여하고, 정답을 맞힌 친구에게 2점을 부여한다. 아이들은 모형 시계를 가지고 활동하는 것 자체로 활동을 즐거워하며 시간을 묻고 답하는 표현을 충분히 연습하게 된다.

⑤ What time is it, Mr. Wolf?

Story Book을 연계할 수 있는 활동으로 우리나라의 "무궁화 꽃이 피었습니다."와 비슷한 활동이다. 한 명의 술래가 전체 아이들을 등지고 서서(벽을 바라보고 서면 더 안전하게 활동할 수 있다.) 대답하는 시각에 따라 전체 아이들을 술래를 향해 다가간다. 술래가 느끼기에 아이들이 자신 가까이에 왔다는 판단이 되면, "Dinner Time" 하면서 아이들을 쫓는다. 이때 아이들이 너무 달리다가 넘어져서 다치지 않도록 주의시키고, 술래가 쫓아가서 터치한 친구들이 몇 명인지만 확인하고 다음 술래는 번호 뽑기를 통해 선정한다. (활동이 너무 과열되지 않도록)

6) 공동 수업지도안

오랜 시간 모임에 영어 분과가 없었기에 공동 수업지도안을 짤 수 있는 상황이 아니었다. 그러다 어느 날부터 박미선 선생님께서 영어과를 함께하게 되었다. 짝꿍이 생겨서 그렇게 좋았던 것을 보면, 그동안 다른 분과를 통해 많이 배웠더라도 동일 교과 이야기를 공유함으로써 얻었던 부분들이 좀 더 직접적인 수업 나눔이었기에 더 크게 다가왔다. 영어 분과에서는 기본 모임과 별개로 모여서 몇 번의 공동 수업지도안을 짜고 각자의 교실에서 실천하고, 또 수정하기를 반복하였다. 수업에 정답이라는 것이 없는 것처럼 여러 가지의 모습으로 수업하는 우리가 모여 서로에게 계속해서 성장하는 밑거름이 될 수 있도록 자극과 힘이 되어 주고 있었다.

꿈을 키워 희망을 채우는 포항원동 교수·학습 과정안

영어과 교수·학습 과정안

일시	2017.6.8.(목) 2교시		대상	3학년 5반	지도교사	박미선	장소	3-5 교실
관련 단원	6. I'm happy						차시	7/26
성취기준	일상생활에 관해 쉽고 간단한 표현으로 묻고 답한다.							
학습목표	감정과 상태를 표현하는 단어를 사용하여 대화할 수 있다.							
학습 자료	PPT, Picture Card							
핵심역량	자기관리	지식정보처리		창의적사고	심미적감성		의사소통	공동체
							○	○
통일교육 내용영역	통일문제의 이해		북한 이해		통일환경의 이해		통일정책	통일을 위한 과제
					○			
수업자 의도	통일 대한민국 사회의 교실에서는 서로 다른 성격과 문화를 지닌 남북한 학생들이 함께 생활하게 됩니다. 일반 교과목에서는 다양한 활동을 통해 남북한의 문화적 특징을 이해하고, 같은 경험을 공유할 수 있습니다. 영어는 남북한 학생들이 정규 교육과정을 통해 처음 공부하기에 동등한 입장입니다. 때문에, 본 교사가 중점적으로 생각하는 부분(**짝 활동을 중심으로 이루어지는 동시다발적 의사소통, 교실놀이를 통한 핵심 표현 발화**) 반영하여 수업을 이끌고자 합니다. 우리 학교에 전학 온 원동이, 3학년 참신동이 친구들은 수많은 감정을 갖고 살아갑니다. 자신의 감정과 마음을 솔직하게 표현하면 서로를 깊이 이해하고 문제 상황을 해결하는 실마리가 됩니다. 우리말에서는 '행복하다·기분이 좋지 않다·화나다·부끄럽다'를 비롯하여 10여 가지 이상의 단어가 있습니다. 영어도 같지만, 3학년 학생들의 성취수준을 고려했을 때, **'Happy·Sad·Angry', 상태를 나타내는 'Tired·Hungry·Sick'**으로 제한적입니다. 본 수업에서는 이를 고려하여 **어휘를 선정했습니다.** 또한 **학생활동중심 소·행·성과 접목**하여 남북한 학생들이 함께 생활하는 공간에서 서로의 감정과 기분을 표현하며 공감대를 형성하는 계기가 되었으면 합니다.								

Introduction(7분) 전체

■ Motivation

○ Greetings and small talk

- Teacher says that expression about feeling of Students.
  Students listen to the teacher's comment and have same feeling,
  Raise your hand.

  - Teacher: How are you today? (기분이 좋은 표정) Good?
  - Student: (기분이 좋은 학생들은 손을 든다)
  - Teacher: What happened?
    Today is Thursday. After two days, weekend?
  - Student: (이틀 후, 주말이라서 기분이 좋은 학생은 손을 든다)

○ Guide to Objectives.

- Today, We're going to use expressions about various feelings.

자료(★), 의도 및 유의점(※), 인성요소(♥)

※ 협동학습 정보교환 구조: 같은 생각 일어서기(전체의 학생들이 일어선 상태에서 1명의 학생이 이야기한 내용과 비슷하면 일어선다)를 응용한 '같은 생각 손 들기'로 현재 나와 친구들의 마음을 살펴본다.

※ 학생들이 알고 있는 Good을 중심으로 Not so good·Not good 3가지를 제시해 이해할 수 있도록 한다. 학생들이 이해하지 못한 부분은 우리말을 사용한다.

♥ 소통

감정과 상태를 표현하는 단어를 사용하여 대화할 수 있다.

Development 1. 까꿍놀이(13분) 짝 모둠

■ 까꿍놀이

○ Pattern Drilling

- Point to the Picture card that matches what your partner's say.

  - Student: (Point to the Tired Card) Are you tired?
  - Student's partner: (Repeat after partner) Are you tired?

○ Make a Same Expression

- Work in Group. Connect to Activity(Rotation System)

  - Student 1 says "I'm sick"
  - Student 2 + Student 3 cover your face with your hands.
  - Student 2 and Student 3 make the correct facial expression.
  - When Student 4 say, "3,2,1, Go!" show your face to group.

자료(★), 의도 및 유의점(※), 인성요소(♥)

★ Picture Card

※ 짝끼리 번갈아 말하면서 감정을 나타내는 6개 단어를 듣고 이해하는지 확인한다. 친구가 어려워하면 도움을 준다.

※ 까꿍놀이(Make a same expression)는 학생들이 돌아가며 역할을 맡는다. 영어를 어려워하는 친구가 있다면 4번의 역할을 주어, 친구들의 활동을 관찰한다. 표정 짓기가 어렵다면 Picture card를 참고한다.

♥ 협동

| Development 2. Feeling Together(12분) 전체 | 자료(★), 의도 및 유의점 (※), 인성요소(♥) |

Development 2. Feeling Together(12분) 전체

■ Feeling Together

- Choose one of picture cards.(Happy/Sad/Angry/Tired/Hungry/Sick) Don't show it to your friends.
- Walk around the classroom and talk to each other about your cards.

> - Student 1: Hello. (배고픈 모습의 카드를 갖고) Are you hungry?
> - Student 2: (배고픈 모습의 카드를 갖고 있다면) Yes, I am. I am hungry.
>   (배고픈 모습의 카드를 갖고 있지 않다면) No, I'm not.
> - Student 1 & Student 2: Thank you.

- If you have the same cards, make a train and walk around together to find other students who have the same cards.
- The Feeling group that finds students who have the same friends.

자료(★), 의도 및 유의점 (※), 인성요소(♥)

★ Picture Card

※ 핵심 표현을 중심으로 한 의사소통 속에서 학생들은 정겹게 인사하고, 감정을 나눌 수 있다. 같은 감정을 학생들이 기차를 만들면서 따뜻한 공동체 문화와 마음을 지닐 수 있다.

※ 한꺼번에 학생들이 교실을 다니면 친한 친구들끼리 소통하려는 경향이 있으므로 모둠 번호순으로 시간차를 둔다. 짝을 지어 대화하는 과정에서 목소리 크기 조절이 필요하다.

♥ 대화

Consolidation(8분) 짝 전체

■ Review

○ Share about Student's learning

- Close your eyes and think about what you've learned today and your feelings. Let's talk about anything you have in your mind with your friends.
- Let's share your opinion(Learning-Thinking-Feeling) with my class.

자료(★), 의도 및 유의점 (※), 인성요소(♥)

※ 수업시간을 통해 자신이 알게 된 내용과 느낌을 말하며 배움을 되새긴다. 의미 있는 내용은 학급 친구들에게 소개하며 폭넓게 생각할 수 있도록 한다.

♥ 공감

평가요소		평가 기준	평가 방법
대화(듣기, 말하기) 태도	A	감정과 상태를 표현하는 5가지 이상의 단어를 사용하여 친구들과 대화할 수 있다.	관찰평가
	B	감정과 상태를 표현하는 3~4가지 단어를 사용하여 친구들과 대화할 수 있다.	
	C	감정과 상태를 표현하는 1~2가지 단어를 활용하여 친구들과 대화할 수 있다.	

교실 속 행복 부싯돌 협동학습

5장

협동학습, 계속되다

'깊게'가 개념과 원리를 찾는 것이라면
'넓게'는 속성과 연관시켜서 생각하는 것입니다.
'깊게'로 관점을 찾고 그 관점으로
연결시켜 나가는 것이 '넓게'입니다.
'깊고 넓게'는 평범하고 일상적인 이야기를
교육적으로 만드는 과정입니다.
- 『영재들의 비밀습관 하브루타』 중에서

　10년, 강산이 변하는 시간이다. 2013년 태동한 포항협동학습연구회는 지난 10년 동안 60여 명의 교사들과 인연을 맺었다. 연구회는 수업을 이야기하는 지역 사회의 사랑방 역할을 톡톡히 하면서 성장하고 번영하였다. 그 연구회가 코로나를 겪으며 지금은 소멸의 기로에 서 있다. 화양연화의 시절은 다시 올 것 같지 않다. 그럼에도 유행 지난 오버코트 같은 우리들의 이야기는 아직 계속되고 있다. 10년의 묵은 세월 동안 협동학습은 구조를 넘어 서로의 삶 속으로 '깊고 넓게' 스며들고 있기 때문이다.

가. 아직도 협동학습?

포항협동학습연구회가 만들어진 배경에는 경상북도교육청연수원의 의지가 있다.

연수원에서 주관한 협동학습 연수의 마지막 날 지역 교사들끼리의 만남의 자리를 마련해 주지 않았다면, 연구회 이름으로 협동학습 강의를 펼칠 기회가 주어지지 않았다면, 협동학습 콘텐츠를 개발하고 보급하는 역할이 없었다면 연구회의 동력은 10년을 지속해 오기 힘들었을지 모른다. 아니, 태동부터 없었을지도 모른다. 교사들의 학습 공동체 문화를 구축하기 위해 지역의 교사들이 모이고 성장할 수 있도록 관심과 기회와 예산을 아끼지 않은 덕분에 연구회는 계속 나아갈 수 있었다.

연수원에서 협동학습 연수를 활발히 열었을 때는 해마다 지역 신입 회원 선생님들이 들어와 연구회가 거듭 풍성해졌지만, 협동학습이 새로운 것들에 밀려나면서 신입 선생님 수는 확연히 줄었다. 그럼에도 수업에 대한 이야기를 듣고자, 얻고자 하는 바람을 안고서 동료 교사의 소개로 하나, 둘 모인 선생님들의 수가 20명이 넘을 때도 있었다.

포항협동학습연구회는 일반 평교사들의 모임으로 시작해서 지금까지 이어져 오고 있다. 멘토가 되어 줄 이름난 분을 초빙하면 어떻겠느냐는 제안도 중간에 있었지만 비록 거대하지 않지만 작은 우리들이 모여서 이루어 내는 시너지로 울퉁불퉁한 길을 함께 걸어왔다, 협동학습 책에서도 잘하는 1명보다 부족한 4명이 만들어 내는 힘이 더 크다고 우리는 배웠고, 그 길을 묵묵히 걸어왔다.

"연구회 이름을 바꾸는 게 어떻겠니?"

"아직도 협동이야?"

협동학습은 교육 철학이자 기반이라는 생각으로 뭉친 우리에게 이 말은 아프고 쓰라리다. 시대의 변화와 흐름을 따라가지 못해 회현동 지하상가 골목으로 숨어 버린 낡은 LP판처럼 '언제적 협동학습?'이라는 냉소 섞인 시선은 우리를 슬프게 한다. 협동학습을 통해 비로소 협동의 의미와 가치를 알고 협동하는 교사가 될 수 있었고, 수업과 학급 운영에 대한 방향성을 잃지 않을 수 있었기에 새로운 트렌드에 발맞추지 못해 낡은 것으로 보인다고 해도 우리의 정체성이 담긴 연구회 이름을 버릴 수는 없다. 협동학습을 만나 '함께함'의 아름다운 힘을 경험하면서 가능할 수 있었던 수업과 교육과정의 대화들은 우리의 소중한 가치이자 역사이기 때문이다.

나. 여전히 협동학습!

미야자와 겐지의 시에 나오는 표현처럼,

"비에도 지지 않고

바람에도 지지 않고

눈에도 여름 더위에도 지지 않고"

10년을 버텨 올 수 있었던 힘의 뿌리는 당연히 협동이다.

실수하고 부끄러운 수업도 내어 놓고 함께 이야기 나누었던 배움의 공간에는 좋은 수업이라는 공동의 목표를 향해 함께 긍정적으로 상호의존하고 유대하는 교사들이 있었다. 수업에대한 배움 이면에 우리는 협동을 온몸으로 체득하고 있었을 것이다. 연구회를 통해 이렇게 내면화된 협동은 당연하고 자연스러운 것이 되어 서로의 삶 속으로 깊고 넓게 확장되어 갔다. 어려운 문제가 나오면 함께 머리를 맞대고 해답을 찾아가는 아메리칸 인디언처럼 어떤 고민이 생기면 함께 머리를 맞대고 해결하고자 애썼던 우리들! 어느덧 우리는 3월을 준비하는 협동적 학급 운영에 대한 연수도 함께하고, 수업 연구 대회와 수업 공개를 앞둔 선생님들의 수업 계획을 함께 고민하고 아이디어를 내면서 응원도 하고, 수업 후 성찰의 시간도 함께 가지며 더욱 깊숙이 연결되고 있었다. 또 협동학습에서 배웠던 온작품 읽기, 그림책 수업, 공동 수업지도안 등은 각자의 교실에 조용히 침투되어 형형색색의 모습으로 수업 속에 빛나고 있었으며 나아가 각자의 학교에서 동료 교사들과 연대하는 모습으로 농익어 가고 있었다. '아직도 협동학습'을 넘어 여전히 그리고 앞으로도 이어질 우리들의 짙푸른 협동의 이야기를 담고자 한다.

1) 협동적 학급 운영 연수 - 연수를 주관하신 박미경 선생님 이야기

교사라면 해마다 우리 반 아이들 큰 사건, 사고 없이 무탈하게 학년을 보내고 싶은 마음이 가장 간절하다. 무탈하다는 의미에는 집단적 따돌림도 없고, 서로 배려하는 모습, 열심히 공부하는 모습, 적극적인 경청, 성실, 예의 바름 등 바른 인성이 함양된 평화로운 교실을 의미할 것이다. 갈수록 학급운영이 어렵다고 한다. 특히나 학부모들의 학교에 대한 불신 및 아동정서 학대법으로 교사들이 학급운영의 목표를 행복하고 즐거운 교실이 아닌, '올 한 해도 무사히'로 생존 학급 운영을 두는 것이 현실이 되었다. 그럼에도 협동학습 연구회의 많은 선생님들은 학급 운영이 행복하고, 다시 태어나도 교사를 할 것이라는 말을 한다. 동료 교사들도 **"협동학습을 실천하는 학급은 무엇인가 다르다"**는 말을 한다. 협동적 학급운영 교실은 뭐가 다를까?

'협동의 가치를 잊지 않고 교사 스스로 실천하며 겸손한 마음으로 배움을 게을리하지 않는다'라고 대답하면 될까?

'협동학습 연구회 선생님들은 배우는 학생의 입장이 되기에 아이들의 마음을 더 이해할 수 있다'고 할 수도 있다. 비결이 무엇인지는 명확히 모른다. 그렇지만 배움을 게을리하지 않는 것만은 확실하다.

그중 '학급경영 관련 연수', '배움을 깊이 있게 하는 연수'는 끊임없이 하고 있다. 연구회 자체 내에서도 서로 강사가 되어 연수를 이어 간다. 각자가 가진 배움의 깊이가 좀 더 깊은 것을 내놓는 것은 우리 연구회의 장점이다.

신학기가 시작되기 전 개최한 학급경영 연수도 마찬가지다.

워크샵은 협동학습 회원들의 요청으로 이루어졌다. 다음은 그때 이루어진 학급경영 연수 요약이다. 그동안 협동적 학급 운영 교실을 실천하고 나눈 내용을 강의식이 아닌 액션러닝 형식으로 이루어졌으며 가능한 저경력 교사의 궁금증을 해결해 주기 위해 노력하였다.

다음은 협동학습과 함께하는 새학년 맞이 워크샵에서 다룬 내용이다.

① 질문 1. 나는 어떤 교사가 되고 싶은가?

교사관에 따라 학급 운영의 색깔이 달라진다. 교사관은 교사의 정체성이다. 어떤 교사가 되고 싶은지 생각하지 않으면 흘러가는 강물에 빠진 개구리처럼 물에 쓸려 내려갈 뿐이다. 나의 교사관이 바로 서야 물을 거슬러 올라가는 돛을 단 배처럼 가고자 하는 대로 갈 수 있다.

학교 관행이라며 이루어지는 각종 행사에 끌려만 다니다 1년이 끝날 수도 있다. 어쩌다 보니 교과서만 가르치다 종업식을 맞이할 수 있다.

권위주의적인 교사가 되어 학생과 불통하는 교실을 만들 수도 있고, 민주적 학급 운영으로 아이들의 자주성을 길러 줄 수도 있다.

무엇보다 교사는 가르치는 일이 우선이라는 것을 잊은 채 학교 업무에 에너지를 갖다 바치기도 한다. 학교에 근무하다 보면 업무의 달인이 되고 싶은 욕심이 생기게 마련이다. 그것이 관리자들에게도 인정받고 승진에도 유리하기 때문이다.

흔들리지 않는 교사관을 받쳐 주는 힘은 어디서 나올까?

학교는 당해 업무에 치중하다 보면 비전과 교사의 정체성, 교사관, 학생관 등 본질적이고 거시적인 이야기를 할 수 없다. 그에 반해 교사공동체의 장점은 교사관을 이야기할 수 있는 자리다.

'어떤 교사가 되고 싶은가?', '내가 지향하는 학급의 모습은 어떤가?'를 신학기를 준비하는 자리에서 나눈다. 교사들이 학기가 시작되기 전 한 해 계획을 세우고 함께 신학기를 준비한다는 것이 당연한 일임에도, 근무하는 학교에서는 업무가 우선이라 이런 이야기를 잘 나누지 못한다.

신학기 워크숍은 항상 배우는 교사, 머무르지 않는 교사가 되겠다는 다짐을 하는 자리이기도 하다. 신규교사는 먼저 걸어간 선배 교사들의 노하우를, 선배 교사들은 후배 교사들의 참신한 발상을 주고받는 이 자리는 한 해를 시작하는 든든한 백(back, bag)이 되어 준다. 강사들은 자발성에서 오는 준비된 청중이 있기에 더 힘을 얻는 자리이기도 하다.

② 질문 2. 나는 어떤 학급을 만들고 싶은가?

교과 지도와 학급 활동이 한 축이 되어 움직인다는 것을 인지해야 한다. 교과 수업과 생활지도는 분리되지 않는다. 아이들은 많은 사회적 관계를 학교에서 배운다. 갈등을 통해 타협하고, 양보와 배려, 인내를 배운다. 중재하는 힘도 기른다.

정신과 의사이자 성장학교별 교장이신 김현수 선생님은 학급에도 기후가 존재한다고 했다. 온대기후대에 사람이 살기 좋듯 교실도 마찬가지라 했다.

따뜻한 기후는 평화와 존중이 흐르는 교실이다. 우리 모두는 실수하는 존재이고, 그래서 배움이 필요하다는 인식이 필요하다. 틀리는 것을 두려워하지 않으며 다른 사람의 잘못에도 넓은 아량을 베풀 줄 알며 도움을 주고 도움을 받는 것이 자연스러운 문화로 여겨지는 교실이 만들어져야 한다.

해마다 아이들 구성에 따라 기후대가 다른 것을 느끼지만 협동학습의 정신을 잘 정착시키면 2학기엔 온대기후가 펼쳐지는 걸 자주 느꼈다. 따스한 날씨에 사람들이 편안해지듯 아이들도 한결 평화롭게 생활한다. 평화가 존재해야 쓸데없는 곳에 에너지를 빼앗기지 않고 공부에 집중할 수 있다.

교실의 평화가 깨지는 현상 즉 힘의 균형이 무너져 특정한 아이에게 교사의 힘이 쏠리게 되면 교실은 정글이 된다. '누가 살아남느냐?'가 지배하는 교실에는 배움의 기쁨이 없어진다. 그래서 학기 초부터 전쟁이 없는 평화로운 교실을 만들기 위한 교실 협약을 세우는 이유다.

아이들이 1년 동안 어떤 모습으로 자라기를 바라는가?

이 질문에 선생님들은 자기를 사랑하는 아이, 스스로 자기 할 일을 하는 아이, 함께함의 기쁨을 아는 아이, 공감 능력이 넘치는 아이 등의 학생상을 나누어 주셨다.

교실 속 행복 부싯돌 협동학습

학생상에 따라 실천하기 위한 활동의 내용도 다소 달라지므로, 바라는 학급 모습이나 학생들의 모습을 적어 보는 것은 중요하다.

다양한 학급 모습을 이야기하다 보면 교사의 기질에 따라 바라는 학급 모습이 다르다는 것을 알게 되었다. 그래서 아이들이 어떤 교사를 만나느냐에 따라 배우는 것이 다른 것이다. 꼭 가르쳐야 할 원칙과 필수 요소가 있을 것이나 교사 개인이 보여 주는 잠재적 교육과정의 중요성이 여기에 있다.

우물 안 개구리처럼 편협하고 고정된 학급 운영을 할 것인가? 발전하고 성장하는 사회와 아이들의 모습에 맞춘 학급 운영을 할 것인가?

예전에는 맞았으나 지금은 달라진 것이 얼마나 많은가? 열린 세계의 문을 여는 곳이 바로 학습연구회다.

다음은 워크숍에서 나누어 본 다양한 실천 사례다.

실현하기 위한 활동(예시 활동)

평화	• 평화에 대한 정의 내리기 　- 아이들과 가치를 이야기할 때 가치를 정의 내리는 말을 아이들 스스로 만들면 좋다. 　- '가치 사전' 활용하기 • 언어적, 신체적 폭력 없애기 • 폭력이 없는 안전한 교실을 만들기 위한 준비 　- 환경 준비: 물리적 환경과 정서적 환경 나누기 　- 교실 집기 정리 정돈, 정리된 공간이 주는 평화가 있음 • 언어가 주는 난폭함 　- 보여 줄 영상 준비 　- 역할극으로 언어의 난폭성 이야기하기
정직	• 정직이 주는 이로움과 피해에 대해 이야기 나누기 　- 단순한 실수나 잘못에 거짓말로 회피하는 사람들의 본능을 미리 인지하고 정직하기로 다짐하기 　- 정직하지 못해 사건을 키웠던 교사의 예전 교실 이야기: 급식판 소리 내어 놓아서 주의를 받았는데, 한 친구는 "잘못했습니다. 다음부터 조심하겠습니다." → "그래, 조심해라"로 끝난 이야기. "제가 안 그랬는데요."로 시작한 교사와 학생의 지난한 잔소리 전쟁으로 얼굴 붉힌 이야기 등의 예화로 "제가 했습니다.", "잘못했습니다."로 정직과 잘못에 대한 책임감 길러 주기 • 속이거나 잘못을 축소하려는 마음, 용기 내기 등 생활 속에서 일어나는 다양한 사례를 소개하기 • **훌륭한 교사는 잘못이나 사건이 일어나지 않도록 예방하는 교사다.**

성실	• 휴지 줍는 취업생 CCTV 면접 이야기 뉴스 소개 　- 언제, 어디서나 성실한 사람은 결국 세상이 알아주는 날이 있다. 　- 1인 1역 아이들과 함께 정하기(기본 내용은 교사가 준비하고 아이들과 수정하고 확인받기) • 급식 남기지 않기 　- 급식은 교육이다. 　- 음식을 골고루, 가능한 깨끗이 먹는 것은 환경에 대한 책임을 진다는 것이다. 　- 교실 분위기가 음식을 남기고 버리는 분위기로 흐르면 못 고친다. 먹기 싫은 음식에 대한 도전과 경험이 소중함을 가르치는 것이 좋다. 　- 잔반을 줄이기 위한 노력도 의논한다. 　- **학교에서 우리가 매일 하는 규칙적인 행동은 모두 교육적인 차원에서 접근하는 것이 좋다.** 　- **교과서에서 가치를 가르치려 하지 말고,** 먹고 말하고 노는 모든 생활 속에서 가치를 가르치는 교사가 되자.
존중	• 존중의 의미를 역할극을 통해 확인한다. 　- 활동순서 예시: 한 학생은 앞에 나와 발표를 한다. '어제 있었던 일', '가족 소개' 등 쉬운 주제로 말하기 → 앉아 있는 아이들은 이야기를 하거나 다른 것을 만지는 등 발표자를 쳐다보지 않는 행동을 한다 → 발표자에게 기분을 물어본다. 대체로 말하기 싫었다는 이야기를 한다 → 앉아 있는 아이들이 발표자를 쳐다보게 하고 다시 같은 주제로 이야기를 시킨다 → 발표자의 기분을 물어본다 → 말하고 싶었다. 고맙다는 이야기를 한다 → 이것이 존중하는 행동이라고 하며 '존중'이란 무엇일까 개념을 찾아본다. • 경청은 존중의 대표적 행동이다. • '고운 말'이 왜 필요한지 영상을 보여 준다. 　- 아나운서들의 밥 실험 영상 　- 사람에 대한 최고의 존중은 말에서 시작된다는 생각을 하도록 한다. 　- 내가 실천할 수 있는 존중의 행동을 포스트잇에 적어 낸다.

　역할극은 역지사지를 몸으로 느끼게 해 주는 좋은 방법이다. 가치를 실현하기 위한 활동으로 아이들의 생활 속에서 일어나는 일들을 역할극으로 표현해 보고 감정을 물어보면 마음이 바뀌는 것을 많이 경험했다. 생각이 바뀌면 행동이 바뀐다. 교사는 아이들의 생각이 변화될 수 있도록 이끌어 내주는 사람이다.

　이외에 가치를 실현하는 다양한 활동이 교사커뮤니티와 학급경영 이론 책들에 자세히 나와 있다. 교사가 끊임없이 배워야 하는 이유가 여기에 있다.

③ 매일 할 일, 요일별 할 일(아침 활동, 주별 활동)

아침 인사를 어떻게 할까? 생각해 놓자. 첫 주는 교사도 아이도 신혼여행 같은 설렘으로 서로에게 마음이 열려 있다. 어색하더라도 처음 시작해 놓는 활동은 자연스러운 일상이 된다. 악수를 한다거나, 파이팅 손뼉을 친다거나 등의 스킨십도 좋다.

아침에 와서 할 일을 일정 기간 칠판에 기록해 둔다. (저학년은 몇 달이 될 수도 있고, 고학년은 몇 주만 게시해도 된다.) 예를 들면 1. 가방 정리하기 2. 숙제, 안내장 내기 3. 내 마음 감정판에 붙이기(옥이샘, 초등상담나무 등에서 나오는 브로마이드 등 활용), 마음공책에 두 줄 마음 까닭과 함께 쓰기 4. 아침 활동(우리 반은 요일별 활동이 달랐다).

일기장(주 2회), 독서록(주 2회), 마음 공책(매일), 줄넘기(월 1회) 등 제출해야 할 날짜를 정한다.

알림장도 매월 검사한다. 사물함도 비정기적으로 검사해서 청결함을 유지한다. '월: 독서, 화: 운동장, 수: 보드게임, 목: 악기연주, 금: 줄넘기' 등 교사가 정하기도 하고, 아이들과 함께 의논해서 아침 활동을 정해 놓는다.

7, 12월 등 방학을 하는 달은 아이들이 하고 싶은 활동을 회의를 통해 정한다.

정리 정돈, 매일 기록하는 습관, 규칙적인 하루 생활 등은 초등교육이 해야 할 일이다. 교사가 할 수 있는 능력 선에서 일관되고 규칙적으로 살펴 주면 좋다. 적절한 보상을 통해 습관화할 수 있도록 격려하자.

④ 월별 할 일(계절별 할 일)

농사달력처럼 월별 할 일을 정리하고 월별 이름을 지으면 특징이 드러나 좋다.

3월: 만남의 달

아이들이 우리 반이 좋다. 서로 알아 가고 이해하는 활동에 초점을 맞춘다. 풍선 치기, 3단계 인터뷰, 이 사람을 찾아라, 까꿍놀이, 라인업 등의 학급 세우기 활동이 적절하다.

교사는 활동의 목적이 분명해야 한다. 놀면서 친밀해지는 것은 물론이고 탓하지 않고 함께 해 보자고 격려하는 분위기를 유도해야 한다. 이기고 지는 것에 관심을 두지 않고 협동하는 모둠을 칭찬하여 아이들이 어떤 행동을 하는 것이 좋을지 잘 유도하도록 한다. 승부는 과열되지 않게, 함께하는 즐거움에 의미를 두고 활동을 진행하자. 아이들도 차츰 서로를 격려하는 행동을 보여 줄 것이다.

까꿍놀이: 친구 이름을 먼저 말하면 이긴다

인형 던지고 받기 협동게임

4월: 봄을 맞이하는 달

자연을 사랑하는 아이로 키우고 싶다면 식물을 키우면서 경험하는 감동을 선물하자. 씨앗 식물 심기, 모종 식물 심기, 잔디 인형, 수경재배, 강낭콩 심기 등 교실에서 키울 수 있는 식물이 많다. 예전엔 수세미, 오이, 방울토마토 등도 교실에서 재배했다.

모둠별 이름을 지어 주기도 하고, 반려동물처럼 이름을 짓고 아침마다 인사를 나누는 것도 좋다. 한 번씩 스케치도 하고, 식물들과 정기적으로 사진을 찍어도 좋다. 열매 식물은 한 개씩이라도 나눠 먹자. 특별한 맛을 느낄 것이다.

수세미와 방울토마토 재배

잔디인형과 개인 화분

5월: 사랑을 실천하는 달

현장체험학습, 어린이날, 어버이날, 스승의 날 등 기념식이 많다. 어떤 활동을 할 것인지, 미리 구매해야 할 준비물은 무엇이 있는지 4월부터 준비해야 한다. 체육대회와 재량휴업일 등과 겹치면서 행사가 급하게 진행된다. 동학년과 미리 상의하는 것도 중요하다.

어린이날 기념 아이들과 교실 보물찾기는 아이들이 가장 기억에 남는 활동 넘버원이다. 작은 선물과 손편지를 적어 어린이날을 축하해 주자. 감사와 사랑을 표현하는 행동도 가르쳐야 길러지는 태도라는 생각을 한다.

아이들에게 줄 선물 준비하기　　　　　**어버이날 카드와 프사 사진 보내기**

6월: 나라 사랑하는 달

분단국가의 아픔을 이해하기 위해 하루는 교실을 남과 북으로 갈라 생활을 한다.

한 팀은 뒷문과 사물함을 이용할 수 있고, 다른 한 팀은 앞문과 준비물, 칠판 등을 이용할 수 있다. 서로 이야기하는 것은 금지. 정해진 팀만 소통한다. 수업 한 시간은 자원의 분배를 차이 나게 해서 학습지를 완성을 해야 하는 미션을 준다. 갑작스런 분단이 가져온 불행에 대해 이야기하고 어떻게 하는 것이 남과 북의 평화를 가져오는지 토론하는 시간을 가진다.

아이들은 대표단끼리 만나 협상을 한다. 양보하지 않으면 모두가 만족하는 상황은 없다는 것을 몸으로 이해한다.

7월: 쉼을 준비하는 달

방학이 있는 달이다. 옛 조상들이 했던 책거리의 의미를 알고 활동을 한다. 음식도 준비하고, 아이들이 하고 싶었던 활동 설문도 받는다. 아이스크림을 먹으며 영화를 봐도 좋다.

책거리 활동: 다 배운 책을 머리에 쏙 집어넣는 의식 우리들의 여름: 여름방학 동안 하고 싶은 일 그리기

⑤ 해 보고 싶은 활동 목록 만들기

우리 반 아이들과 1년 동안 하고 싶은 활동 목록을 만든다. 아이들의 특성과 학년성 등에 따라 활동을 축소하거나 취소할 수 있기에 그해 맡은 학년에 따라 내용이 달라진다. (예시:『나니아연대기』,『샬롯의 거미줄』온작품 활동하기)

9월부터 2학기엔 1학기에 만난 아이들과 소통하며 계획을 세우는 것도 좋다. 학기 초보다 사회적 기술이 습관화되고, 서로에 대한 배려심이 몸에 배었다면 훨씬 수월한 2학기를 보낼 것이다. 생각보다 짧은 2학기엔 학습에 좀 더 매진할 수도 있고, 원북을 정해 학급 친구들 모두 책 돌려 읽기를 해도 좋다. 추석과 크리스마스 등 절기 행사를 기획해도 좋고 알뜰장터 등 친구들과 나눔 활동을 더 풍성히 해도 될 것이다.

⑥ 그 외 학부모와의 관계를 위한 소통 창구에 대한 의견

학급 밴드나 단톡방을 활용할 수 있으나 개인정보 동의서, 밴드 사용 유의점, 사진 촬영 등으로 생길 수 있는 불미스러운 일 등을 미리 언급하여 학급 전체의 유익을 위해 개인의 사적인 요구는 절제할 필요가 있음을 고지한다. 간혹 자신의 아이 사진이 적다는 등, 표정이 안 좋다는 등의 민원이 생기면 사진 탑재는 하지 않는다고 한다. 교육 활동의 순수한 목적으로 촬

영이라는 걸 이해시켜 불필요한 민원이 없도록 한다. 그것조차도 불안하게 생각되면 아에 하지 않는 것이 좋다. 갈수록 학부모의 민원이 많아지고, 심한 간섭의 반작용으로 아에 소통 창구를 없애 버리는 경우가 많다. 안타까운 일이다. 교사와 학부모는 이인삼각처럼 함께 가야 하는 운명공동체인데, 서로가 서로를 적대시하고 관계를 단절할 때 오해는 더 쌓일 것이다.

⑦ 개학하기 전 준비할 일

- 청소하기, 교실 사물함 정리하기, 교실 책상 배치하기, 이름표 붙이기, 환영 문구 교실 칠판에 적기
- 학급경영록 준비하여 교사 다짐 쓰기

예시

> 아이를 쳐다보며 이야기 듣겠습니다. 매일 한 번은 웃겠습니다. 아이들을 웃기겠습니다. 배움이 깊어지도록 노력하겠습니다. "너의 생각은 어떠니?"라고 자주 묻겠습니다. 정답을 강요하지 않겠습니다.

교사에게 새 학기 교실은 어떤 아이들이 어떤 모습으로 나타날지 모른다는 의미에서 정글과 같다. 아무리 준비를 단단히 하고 가도 예상치 못한 변수를 많이 만나게 된다. 해마다 다른 모습으로 등장하는 아이들이 있어 교사의 삶은 하루도 같지 않다. 때로는 천사 같은 아이들을 만나 교사의 역량이 꽃필 수도 있고, 때로는 달려드는 맹수를 만나듯 도저히 감당이 안 되는 어려운 반을 만나기도 한다. 이럴 때 필요한 것이 교사공동체이다. 혼자는 어렵다. 믿고 의지할 만한 교사공동체에 우리 반 이야기를 하는 것만으로도 많은 부분이 해소된다. 어쩌면 이야기하는 중에 먼저 길을 걸어간 선배 교사의 통찰 있는 해법을 얻을 수도 있다. 혼자 짐 보따리를 메지 말고 풀어 헤쳐서 같이 메고 가도록 하자. 이것이 교사공동체의 힘이다. 오랫동안 포항협동학습연구회는 서로에게 이런 역할을 해 왔다.

2) 각자의 교실 속 그림책과 온작품 이야기

    포항협동학습연구회에서 진행되었던 온작품 읽기 수업은 개인의 수업 연구와 실천에 조용히 스며들어 꽃을 피우기 시작했다. 다음은 각자의 교실에서 실천된 온작품 수업을 연회에 공유한 사례다.

포항협동학습 연구회 온작품 읽기

하나 『리디아의 정원』 온작품 읽기 개요

적용시기	2018년 1학기 중	**수업자**	경주 양동초등학교 교사 김은경
주제	마음을 표현하는 글쓰기	**대상**	3학년 1반 10명(남 5 여 5)
도서	『리디아의 정원』	**관련교과**	국어
단원	4. 내 마음을 편지에 담아	**교과역량**	의사소통역량
성취기준	[쓰기 4국03-04] 읽는 이를 고려하며 자신의 마음을 표현하는 글을 쓴다. [읽기 4국02-03] 글에서 낱말의 의미나 생략된 내용을 짐작한다. [문법 4국04-02] 낱말과 낱말의 의미 관계를 파악한다.		
준비물	이야기 엮기 학습지, 공감대화카드 리플릿, 함께 차트 학습지, 편지지		
작품 선택의 배경	3학년 국어 교과서에서는 『리디아의 정원』의 일부를 간략하게 드러내고 있다. 『리디아의 정원』은 아버지의 실직으로 멀리 떨어져 있는 무뚝뚝한 외삼촌 댁으로 가서 살게 된 리디아의 이야기이다. 가족과 떨어져 살아야 했던 리디아의 마음을 제대로 읽어 내기 위해서는 온작품을 읽을 필요가 있다. 또 마음을 주고받는 편지가 리디아에게 어떤 의미인지를 알게 위해서도 온작품을 읽을 필요가 있다. 비록 할머니와 부모님은 멀리 떨어져 있지만 리디아에게 사랑과 용기, 또 혼자가 아님을 전하는 편지를 보내어 리디아가 어려움을 이겨 낼 수 있도록 도와주었다는 것을 알 수 있다. 리디아도 감사의 마음, 두려운 마음, 그리움의 마음을 편지에 담아 보냄으로써 자신의 어려움을 이겨 내려고 노력하였다. 리디아에게 가족과 주고받는 편지는 어려운 상황에서도 웃음을 잃지 않을 수 있었던 힘의 원천이었다. 리디아에게 편지는 사랑하는 가족과 연결된 소중한 끈이었던 것이다. 어려움을 겪고 있는 우리 학생들에게도 이런 마음을 표현할 수 있는 소중한 끈을 만들어 가는 경험이 필요할 것 같다. 또, 리디아는 할머니와 함께 꽃을 기르는 일을 좋아하고 회색빛 도시에서 자신이 좋아하는 일을 실현해 보고자 노력한다. 버려진 옥상을 치우고 꽃을 심고 가꾸는 일을 주변의 사람들과 함께해 나간다. 정말 내가 좋아하는 일을 통해 주변을 환하게 만들어 가는 모습을 볼 수 있는 그림책이다. 우리는 어떤 일로 주변 사람들과 함께 행복질 수 있는지도 함께 생각해 보면 좋을 듯하다.		

둘 온작품 읽기 수업 흐름

차시 및 흐름	활용내용 및 핵심질문	협동학습구조 및 유의점, 준비물
1차시 내용 상상하기 리디아 마음 짐작하기	◎『리디아의 정원』 내용 상상하기	이야기 엮기 (책에 대한 호기심을 기른다)
	◎『리디아의 정원』 첫 표지 소개하기	
	◎『리디아의 정원』 첫 편지 읽어 주기 - 리디아 가족에게 일어난 일은? - 편지를 쓸 당시 리디아의 마음은 어땠을까?	
	◎ 첫 편지의 리디아의 감정 찾아 말하기	돌아가며 말하기 공감대화카드 리플릿
	◎ 낱말 사이의 관계 알기: 형편	
차시 및 흐름	활용내용 및 핵심질문	협동학습구조 및 유의점, 준비물
2차시 리디아의 마음 알아보기	◎『리디아의 정원』 절반(비밀장소 나오기 전까지) 읽어 주기	
	◎ 편지 속의 리디아의 감정과 바람 짐작하기 - 2개의 편지 ◎ 등장인물 중 외삼촌의 마음 알아보기 - '외삼촌은 소리 내어 시를 읽으시고 나서 셔츠 주머니에 그걸 넣고는 손가락으로 톡톡 두드리셨어요.'에 나타난 외삼촌의 마음은?	공감대화카드 리플릿
	◎ 다음 장면 짐작하기 - 비밀장소 짐작하기	일어서서 나누기
	◎ 낱말 사이의 관계 알기: 편지를 부치다. 굉장하다, 추신	
3차시 리디아에게 편지의 의미 생각하기	◎『리디아의 정원』 끝까지 읽어 주기	
	◎ 인상 깊은 장면, 리디아에게 궁금한 점, '비밀 장소가 있는지?', '리디아처럼 좋아하는 일은?' 등 이야기 나누기	함께 차트
	◎ 리디아가 힘든 상황에서도 밝고 환하게 생활할 수 있었던 것은 무엇 때문이었을까?	책 속 보물 찾기
	◎ 모둠문장 만들기 리디아에게 편지는 (　　　)이다. 왜냐하면 (　　　)	모둠문장 만들기
4차시 주변을 환하게 하는 작전 짜기	◎ 리디아를 통해 주변이 점점 환해지는 것을 볼 수 있어요. 내 좋아하는 일(할 수 있는 일) 중에 주변을 환하게 만들 수 있는 어떤 일이 있을까?	생각 내놓기/ 하나 주고 하나 받기 주변 환하게 만들기 작전 짜기
	◎ 고양이 오티스는 리디아에게 어떤 존재일까요?	고양이 오티스를 그림책에서 찾아보기
	◎ 낱말 사이의 관계 알기 - 음모, 만반의 준비	
5차시 등장인물 인터뷰하기 편지쓰기	◎ 등장인물의 인터뷰하기 - 리디아, 부모님, 할머니, 외삼촌	빈 의자 기법
	◎ 사랑하는 가족에게 전하고 싶은 마음 생각해 보고 사랑하는 가족에게 편지 쓰기	편지지

◎ **학부모 공개수업: 도덕과 사랑이 가득한 우리 집(1차시)**

√ Point: 사랑이 가득한 우리 집을 만들기 위해 내가 할 수 있는 일을 찾아 실천하는 내용. 하지만, 자녀와 부모님 사이에 불편한 감정과 상처가 있을 것이라는 생각 아래 감정을 해소하고 바람 카드를 통해 자신감, 목표를 갖게 하는 데 목적.

√ 수업의 흐름

『알사탕』	• 20가지의 잔소리가 나옴. • 엄마와 나의 역할을 바꾸어 소리 내어 말하기 • 잔소리를 하면서 느껴지는 감정 찾기 잔소리를 들으면서 느껴지는 감정 찾기 • 두 가지의 입장에서 이야기에 귀 기울이기
『나는 기다립니다』	• 바람 확인 • '나는 ~을 기다리고 우리 엄마는 나에게 ~을 기다립니다' 학습지에 적기

그림책의 연결	• 알사탕: 내가 진짜 듣고 싶었던 말은?
	      하지만 학생들은 휴대폰, 부자 등 이야기함.
	      (교사가 재차 발문함) 진짜 원하는 게 뭐야? 칭찬과 사랑은?
	• 학생들이 학습지를 가져가서,
	  자신의 삶에서 진정한 행복과 관련된 것으로 바꿈.
	  가족과의 여행, 맛있는 것 먹으러 가기, 안아 주고 놀아 주기

정리 활동	• 학부모 공개수업인 만큼, 엄마가 기다리는 말을 하며 알사탕 넣어 주기

◎ **수업 나눔**

- 1차시였지만 책을 푹 읽고, 나의 삶과 가족을 연결하여 행동으로 옮기는 모습이 인상적
- 행복을 넘어서, 가슴이 콩닥콩닥 뛰게끔 함
- 4학년, 관계가 좋지 않은 친구들이 많아 알사탕 + 포스트잇에 편지 적어 선물함
- 2가지의 그림책을 연결한 지점이 인상 깊었음
- 『나는 기다립니다』 그림책은 활용 지점이 많을 것 같음

박미선 선생님의 『열세 번째 아이』

우리 포협에서 온작품 읽기로 선택한 『열세 번째 아이』 20장 중 19장을 읽었습니다.

매주 화/목요일 아침 시간 20분씩 하루에 1장씩.(1장마다 10쪽 내외인 데다 길었던 장은 2번에 걸쳐 읽었습니다)

『열세 번째 아이』 노래를 부르던 것이 정말 오래된 것 같은데 다음 주면 268쪽 책을 다 읽네요.

김정숙 수석 선생님께서 추천해 주신 책인데다 출간되었던 2012년보다 감정이 중요시되고 인공지능과 로봇이 미래 사회의 가족이 될 수 있다 믿는 2019년에 더 적합한 책이었던 것 같습니다.

달밭골(달전) 6124 친구들도 책을 처음 받았던 순간부터 지금까지 지루해하지 않고 몰입하며 읽었습니다. 돌이켜보니 각 장을 읽을 때마다 꼼꼼하게 무언가를 했습니다.(언제 한번 정리를 해서 올리겠습니다. 각 장마다 어떤 활동을 했는지⋯)

나에게 공감되는 문장 밑줄 긋기부터 제시된 주제에 따라 생각 말하기
- 인간과 로봇의 차이점
- 인간에게 감정이 없다면?
- 이성지수와 감성 지수의 관계
협동학습 구조를 적용한
- 돌아가며 말하기 / 3단계 인터뷰
- 같은 생각 앉기를 했습니다.

6학년 국어교과와 연계하여
- 2. 이야기를 간추려요 3~4문장으로!
- 6. 내용을 추론해요
    질문을 만들고 이야기에서 찾을 수 있는 단서를 확인하며 답하기
- 8. 인물의 삶을 찾아서를 했습니다.

오늘 했던 활동은 8단원 마지막에 나와 있는 인물을 소개하는 글쓰기였습니다.
책도 다 읽어 가는 데다 교과서 내용이 맞물려서 했는데 하나하나 읽으니 우리 6124 친구들이 얼마나 『열세 번째 아이』를 깊이 있게 읽고 이해했는지 느껴졌습니다.

인물에 대한 가상 프로필, 인물에게 일어난 일, 인물을 말해 주는 질문・대답, 기억나는 인물의 말과 행동, 인물이 추구하는 가치와 이유를 요약하여 정리하여 인증 사진을 찍었습니다.

다음 주 화요일이면 정말!! 다 읽는 『열세 번째 아이』.
책을 다 읽은 기념으로 책거리도 하고 맨 처음에 적었던 나의 질문에 대한 답을 찾아보려 합니다. 더불어 출판사 문학동네 사이트에 이메일을 보내 이은용 작가님과 우리 6124 친구들이 소통할 수 있는 기회를(직접 하면

좋겠지만 최소한 이메일이라도) 만들고자 합니다.

포협 선생님들이 함께했기에 작년에 어설프게 시작했던 온작품 읽기에서 발전된 모습을 보였던 것 같습니다. 감사합니다.

이지하 선생님의 『고구마구마』 학습 활동 아이들 책 사진

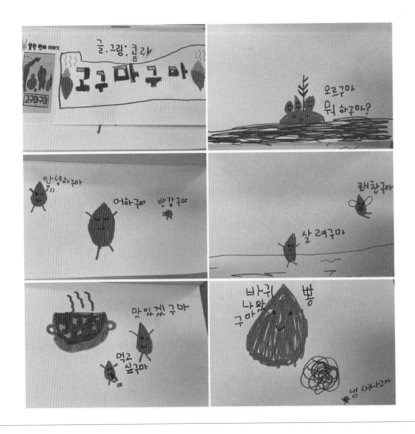

교실 속 행복 부싯돌 협동학습

3) 수업연구교사 및 수업선도교사 도전기

수업 보기가 일상적이 되어 있었던 우리들은 학교 공개 수업을 앞두고 혹은 수업연구교사, 수업선도교사 수업 공개를 앞두고 해당 선생님이 요청하는 경우 수업지도안을 같이 들여다보고 피드백을 나누는 작업을 기꺼이 함께했다. 수업연구교사와 수업선도교사는 경상북도교육청의 수업 전문가 양성 관문으로 수업 심사를 통해 인증 여부가 가려진다.

다음은 수업 인증을 앞둔 선생님을 돕고 지원하며 함께 성장했던 모임 일지다.

2021.10.14.(목) 포항협동학습연구회 일지

1. 일시
2021.10.14.(목) 17:30~20:00

2. 장소
이동 스윗스텝 미팅룸

3. 참여
(존칭 생략) 김은경, 김은희, 남민주, 박미경, 박미선, 이지하, 조성희 7명

4. 박미경 선생님의 수업연구교사 공개수업 나눔 전
1) 수업 관찰의 목표
- 수업자의 강점과 배울 점 찾아보기
- 수업 관찰의 2가지 관점
  • **과학적 관점**: 효과적 수업과 직결되는 5가지 핵심. 명료성 + 다양성 + 실제 학습 시간 + 학생 참여 + 학생들의 학습성공률로 체크리스트한 양적 분석
  • **예술적 관점**: 질적 분석으로 해석학적 접근
    교사는 누구인가? / 학생은 누구인가?
    교사-학생, 학생-학생 상호작용은 어떻게 하는가?
    배움의 연결(가르침과 배움의 연결)
2) 수업 관찰의 방법
- 수업을 어떻게 볼 것인가?
  • 관찰해야 할 지점 한정하기

- 관찰 지점 분석하기(하위 질문 만들기)
- 분석 요소에 따른 상황 및 말, 행동 적기
- 수업 대화 나누기(수업자 강점, 관찰을 토대로 한 의견, 수업자에게서 배울 지점 찾기)

5. 박미경 선생님의 수업연구교사 수업 보기
1) 4학년 국어과 독서 단원
2) 그림책 수업을 통해 나의 삶과 연결 짓기
3) 주제: 책을 읽고 인물의 마음 짐작하기
-『사자가 사라졌어』라는 그림책 읽기
- 내용 파악하기(국어과다운 수업 강조)
- 핫시팅으로 등장인물 면담하기
- 정지 동작으로 인물의 마음 짐작하기
4) 그림책 수업에 대한 이야기
- 주제에 대한 명확성
- 학생들이 수업에 몰입할 수 있도록, 다양한 활동을 통해 주제 이해하기
- 2명 이상의 주인공이 등장할 시 핫시팅으로 내면 파악하기

다음은 연구수업 당일 수업한 교수학습계획이다.

일시	2021. 10. 7(목) 5교시	대상	4학년 남: 12명 여: 11명		
관련 단원	독서 단원	차시	3/15	교수·학습 모형	반응중심학습모형
성취기준	[4국02-05] 읽기 경험과 느낌을 다른 사람과 나누는 태도를 지닌다.				
학습주제	책을 읽고 등장인물의 마음 짐작하기				
학습목표	책을 읽고 등장인물의 마음을 짐작할 수 있다				
학습자료	『사자가 작아졌어!』그림책, PPT, 마이크		교과역량	문화 향유 역량, 공동체 대인관계 역량	
수업자 의도	본 차시의 그림책『사자가 작아졌어!』의 주제는 진정한 사과와 용서의 의미를 찾아보는 것이라고 할 수 있다. '미안해', '괜찮아' 라고 말은 하지만 사람마다 진정한 사과의 의미를 알고 하고 있는지, 용서를 구한다는 것은 어디까지 용서를 구한다는 태도인지 주인공의 마음을 통해 생각해 보는 기회를 가져 보고자 한다. 학습 목표를 '사과와 용서의 진정한 의미를 알 수 있다'로 생각하고 사과와 용서의 개념과 태도에 대해 몰입하다 보니 도덕 수업과 구분 짓기가 어려워졌다. 그림책 수업이 덕목을 가르치는 도덕 수업으로 흐르지 않도록 하기 위해 '인물의 마음을 짐작해 보는 작품 이해 수업'으로 첫 차시를 계획하고 둘째 차시는 문장 만들기, 생활 속에서 사과와 용서 실천하기 활동으로 삶과 연결 짓기를 계획함으로 **국어과 본연의 목표인 작품을 이해하고 자신의 생각을 말할 수 있으며 타인과 생각을**				

교실 속 행복 부싯돌 협동학습

나눈 후 자기 생각을 쓰는 데 도움이 되도록 수업을 설계하였다.

활동1: 그림책 읽고 내용 이해하기
내용의 흐름과 감동을 방해하지 않기 위해 설명 없이 끝까지 읽어 주기로 했다. 깊이 있는 읽기를 위해 한 번 더 읽어 주면 좋으나 시간 관계상 한 번만 읽은 후 놓치기 쉬운 장면을 질문으로 언급함으로 내용을 확인하였다.

활동2: '핫시팅'으로 인물 인터뷰하기
핫시팅은 그림책에 드러나지 않는 인물의 상황이나 마음을 듣기에 적합한 활동이다. 직접 그 인물이 되었다고 생각하고 상황에 몰입하는 경험은 문학 수업의 정수라 할 수 있다. 질문을 만들어 내는 힘과 상황과 맥락에 맞게 대답하는 능력을 기를 수 있고, 다른 사람의 대답을 듣고 나와 다른 생각을 비교해 볼 수 있는 장점도 있다.

활동3: '정지 동작'으로 인물의 마음 짐작하기
그림책은 인물의 삶을 통해 나의 삶을 들여다보는 기능을 가지고 있다. 사자가 가젤에게 엄청난 고통을 안겨 주었음을 알았을 때, 가젤의 마음을 모른 척하지 않고 끊임없이 용서를 구하는 장면은 많은 시사점을 준다.
'가족을 해친 사람에게 우리는 어떻게 용서를 할 수 있을까?', '의도하지 않았지만 나의 행동이 다른 사람에게 큰 피해를 주었을 때 나는 어떻게 용서를 구해야 하나?' 등 이야기할 거리가 정말 많다.
시사적인 문제와 가상의 상황을 가정하여 나눈다면 많은 대화를 할 수 있으나 본 차시에서는 인물의 마음을 짐작해 보는 활동으로 **뒷이야기 '정지 동작'을 통해 사자의 마음은 어떤지, 가젤은 사자를 용서했는지, 아이들이 생각하는 인물의 마음을 들어보도록** 하였다.
이후 후속학습을 통해 생활 속에서 사과와 실수를 역할극으로 직접 연습하고 '사과'와 '실수' 사전 만들기를 통해 개념을 정리하도록 하였다.

반응 준비하기 전체	시간 (분)	자료(★), 유의점 (※), 평가(√)
■ **동기유발** ○ 영상에서 인물의 마음 짐작해 보기 　- 금쪽이는 어떤 마음일지 짐작해 보기 ○ 인물의 마음을 아는 것이 왜 필요한지 생각하기	4'	★ 영상 ★ PPT
■ **공부할 문제 확인하기** ○ 학습 문제 알아보기 　책을 읽고 등장인물의 마음을 짐작해 봅시다.		★ 판서
■ **학습활동 안내하기** [활동1] 책 읽고 내용 파악하기 [활동2] '핫시팅'으로 등장인물 면담하기 [활동3] '정지 동작'으로 인물의 마음 짐작하기		

반응 형성하기 전체 짝	시간 (분)	자료(★), 유의점 (※), 평가(√)

[활동1] 책 읽고 내용 이해하기
■ 읽기 전 활동
○ 책 이름 추측해 보기
  - 가려진 책 제목 추측해서 발표하기
  - 사자가 작아지면 어떤 일이 벌어질까 상상하여 말하기
 	
■ 그림책 읽고 내용 파악하기
○『사자가 작아졌어!』책 읽기
  -『사자가 작아졌어!』그림책 교사가 읽어 주기
  - 교사는 글을, 아이들은 그림 위주로 보며 책 읽기
○ 그림책 읽고 가장 기억에 남는 대사나 인상 깊은 장면 말하기
  - 인상 깊은 장면 짝과 나누기
  - 학급 친구들과 느낌 나누기
○ 중요 장면 질문하기
  - 사자가 꽃도 주고, 털도 빗겨 주고 최선을 다했지만 가젤이 마음을 풀지
    않자 어떤 행동을 했나요?
  - 사자가 가젤의 눈물을 닦아 주었을 때 어떤 일이 벌어졌나요?
	10'	★『사자가 작아
		졌어!』그림책,
		PPT
		※ 마지막 장은 다
		음활동을 위해
		읽지 않는다.
		
		※ 상상하여 말하
		기는 깊이있게
		다루지 않고 직
		관적으로 떠오
		르는 생각을 말
		함으로 흥미유
		발 정도로만 언
		급한다.

반응 명료화하기 모둠 전체	시간 (분)	자료(★), 유의점 (※), 평가(√)

[활동2] '핫시팅'으로 등장인물 면담하기
■ '핫시팅' 준비하기
○ 사자와 가젤에게 질문할 질문지 작성하기
  - 궁금한 내용, 인물의 마음 묻는 질문 만들기
 	
    • '핫시팅' 활동명이 국어시간에 사용하기에 다소 불편감이 있으나 이
     미 대중화된 활동명으로 불리고 있어 굳이 이름을 변경하지 않고 그
     대로 사용한다.
    • '핫시팅'은 글 속에 감추어진 상황을 짐작하여 파악하거나, 드러나지
     않는 상황 속에서 느꼈을 인물의 마음을 엿보기에 적합한 활동이다.
 	
■ 사자와 가젤 초대해 '핫시팅' 하기
○ 사자와 가젤 역할 정하기
  - 기자가 되었다고 생각하고 질문하기
  - 사자와 가젤 역할이 되어 자신의 말로 답변하기
  - 대답하기 어려운 질문은 함께 나누어 보기
	15'	√ 관찰평가
		※ 인물이 되었다
		고 생각하고 깊
		이 있게 인물의
		마음을 공감하
		도록 한다.
		
		★ 질문 학습지
		★ 마이크

	시간 (분)	자료(★), 유의점 (※), 평가(√)

■ 주인공의 마음 공감되는 부분 나누기
 - 사자와 가젤의 답변 중 공감되는 답변이나 다른 생각 말하기
 	
[활동3] '정지 동작'으로 인물의 마음 짐작하기
■ '정지 동작' 장면 표현하기
○ 뒷이야기를 상상하여 정지 동작으로 표현하기
 - 사자와 가젤이 집으로 돌아간 후 숲속은 평화를 찾았습니다. 그러던 어느 날 사자와 가젤이 마주쳤습니다.
 - 상황 속으로 들어가 사자와 가젤이 되어 행동하기
 	
    • 다양한 상황을 '정지 동작'으로 표현하면 더 입체감 있게 인물의 마음을 파악할 수 있으나 오늘은 '사과'와 '용서'의 이후 변화된 모습을 알아보는 것이 더 의미 있으리라 보고 뒷이야기의 상상한 장면만 표현해 본다.
    • '정지 동작' 활동은 이야기 전체 흐름을 엮어 가는 역할극과는 다르게 한 장면 속에서 인물이 느꼈을 마음을 짐작해 보기에 좋은 활동이다.
 	
■ '정지 동작'에서 인물의 마음 짐작하여 말하기
 - 교사가 터치하는 사자 역할 학생이 자신의 마음 설명하기
 - 교사가 터치하는 가젤 역할 학생이 자신의 마음 설명하기
 	
■ 그림책의 뒷이야기 읽어 주기
 - 뒷이야기 듣고 드는 생각 나누기
	8'	※ 인물의 뒷이야기에 몰입하도록 상황을 잘 설명한다. 이야기의 앞부분과 잘 연결되도록 유의한다.
		√ 관찰평가
		
		√ 과정중심평가

반응 심화하기 전체 개별	시간 (분)	자료(★), 유의점 (※), 평가(√)
■ 학습 내용 정리하기 ○ 사자와 가젤 마음에 대해 알게 된 것 발표하기 ○ 배운 것, 다짐하는 것, 더 알고 싶은 것에 대해 말하기 ■ 차시 예고 ○『사자가 작아졌어!』2 활동 - 사자와 가젤의 마음 목록 만들기	3'	※ 감동이나 배움을 강요하지 않고 자연스럽게 느낀 소감을 듣는다. ※ '사과'와 '용서'를 개념적으로 다루지 않도록 한다.

다음은 수업선도교사 박미선 선생님의 사례다.

수업선도교사를 앞두고 나는 고민이 많았다. 부족하지만 영어 수업을 참 좋아해서 영어 교과로 수업선도교사를 신청했는데 좋아만 한다고 해서 되는 것은 아니라는 것을 여러 난관에 부딪히면서 뼛속 깊이 느끼게 되었다. 선도 교사를 신청했던 것이 무척 후회가 되었고, 수업 공개 심사가 다가오면서 마음의 압박은 커져 갔다.

포항협동학습연구회 모임에 갔다가 포기서를 써서 낼 생각이라는 깊은 속마음을 털어놓았다. 그때 연구회에서 7년을 함께해 온 영어회화강사 선생님께서 "포기하지 마세요. 같이 고민해요, 우리. 도와드릴게요."라는 말을 해 주셨다. 그저 말로 하는 위로가 아니었다. 우리는 매주 토요일 카페에서 여러 차례 만나 이야기를 오래 나누었다. 내 고민 지점을 진지하게 나누고, 수업지도안을 함께 고안하면서 다시 해 볼 용기가 생겼다. 수업 공개에 임박해서는 영어전담교사 경력이 많은 포협의 또 한 분의 선생님도 기꺼이 도움을 주신다고 하셨다. 이참에 아예 두 분께 컨설팅 의뢰를 했다. 이야기를 나누면서 수업의 흐름이 정리가 되어 희망과 기대감이 생겼고, 선생님들께서 찾아주신 나의 강점과 자기답게 수업을 하는 것이 가장 좋은 수업임을 상기하며 자신감을 회복할 수 있었다. 포기서를 제출하려고 했던 막막한 상황에서 포협 선생님들은 한 줄기의 빛과 같았다. '실패하면 어쩌지?'라는 부담감을 이해해 주시고 "꼭 협동학습 구조를 고집하지 않아도 된다."는 조언과 필요한 질책은 큰 힘이 되었다.

10월 19일 공개 수업 심사는 잘해야 한다는 마음가짐보다 그동안 도움을 주신 포항협동학습연구회 선생님들께 감사함의 마음을 담아서 했다. 그동안 선생님들께 받은 도움에 보답해야겠다는 생각으로 수업을 했기에 마치고 눈물이 나왔다.

컨설팅은 참 두렵다. 잘하기 위해 도움을 주는 자리인데도 불구하고 잘못을 한 것 마냥 앉아 있어야 한다는 생각이 앞섰다. 그랬기에 수업선도교사 컨설팅이 참 망설여졌다. 유명한 교감 선생님, 장학사님, 수석 선생님도 계셨지만 나는 나를 잘 아는 분께 꼭 받고 싶었고 그 중심에 포항협동학습연구회가 있었다. 수업 방법만을 좇아 온 나에게 큰 위로와 힘이 되어 주신 선생님들께 감사드린다.

수업선도교사 신청 후에 업무 과부하, 자신감 저하 등의 이유로 포기 직전까지 갔던 상황에서 박미선 선생님은 수업선도교사 관문을 훌륭히 통과하였다. '함께'가 빚어낸 쾌거다.

포항협동학습연구회와 박미선 선생님에게 의미가 남다른 영어 수업 지도안 일부를 소개한다.

3. 학생 주도형 수업으로 Strength

일시	2022. 10. 19.(수) 6교시 13:50~14:30	대상 (장소)	3-3 26명(남 15 여 11) (제2영어실)	지도교사	박미선
단원	11. How Old Are You?			차시	3/5
성취기준	[4영02-07] 일상생활 속의 친숙한 주제에 관해 쉽고 간단한 표현으로 묻거나 답할 수 있다. [4영03-03] 쉽고 간단한 낱말이나 어구, 문장을 따라 읽을 수 있다.				
교과역량	영어의사소통역량, 공동체 역량			기능	표현하기
학습 주제	나이를 묻고 답하는 표현을 활용하여 친구와 대화하기				
학습 목표	나이를 묻고 답하는 표현을 활용하여 친구와 대화할 수 있다.				
수업 모형	배움중심모형(Engage 호기심 자극 → Study 학습활동, 의사소통 → Activate 상황, 과제해결)				
수업 고민	외국에서는 상대방의 나이를 묻고 답하는 것을 실례라 생각한다. 실제 의사소통에서는 "How old is he/she? He/She is ten years old."를 활용한다고 한다. **목표 표현으로 "How old are you?"가 적합할까?** → 3학년 영어과 교육과정은 I와 You를 중심으로 의사소통이 이루어진다. 　학생들이 상대방의 나이를 묻고 답하는 표현의 정확성과 유창성을 갖추고 나서 실제적인 측면을 반영해도 늦지 않다고 판단했다. 이를 위해 모순된 부분(학생들에게 제시하는 자료는 3인칭인데 "How old are you?", "I'm ten years old."로 연습)을 줄이도록 한다.				

수업자 의도	• 2차시: 숫자를 나타내는 낱말을 읽고 나이를 묻고 답하는 말하기 → 정확성 추구 • 3차시: 나이를 묻고 답하는 표현을 활용하여 친구와 대화하기 → 유창하게 구사하기 2차시에 이루어진 낱말 읽기를 복습하고 본 차시 활동에 대한 마음가짐을 갖추는 Mind Set. 짝과 번갈아 목표 표현을 읽는 Speed Reading으로 영어 의사소통역량을 기르는 Interaction. 반복된 활동으로 친구들과 목표 표현을 보다 정확하고 유창하게 발화하는 놀이 Strength. 수업 시간의 배움과 느낌을 자신의 언어로 표현하고 평가하는 것에서 나아가 문화적인 측면을 더한 Obtain의 M·I·S·O 전략으로 추구하고자 한다.
배움이 느린 학생에 대한 배려	완전 통합으로 수업하는 특수교육대상 학생 1명(낱말을 듣고 따라하는 것은 가능하나 속도가 느리고 말투가 어눌함. 친구들과 관계에 어려움은 없으나 짝 활동 시, 교사의 개입이 필요함)을 포함하여 배움이 느린 학생들(4명)이 있음을 고려하여 활동 자료(우리말로 발음하는 방법)를 제작한다.

평가 내용		평가 기준		평가방법	평가시기
의사 소통 기능	나이를 묻고 답하는 표현을 활용하여 친구와 대화할 수 있는가?	잘함	나이를 묻고 답하는 표현을 활용하여 친구와 능숙하게 대화할 수 있다.	자기평가	수업 중 (활동 2~ 정리)
		보통	나이를 묻고 답하는 표현을 활용하여 친구와 대화할 수 있으나 연습이 필요하다.		
		노력 요함	나이를 묻고 답하는 표현을 활용하여 친구와 대화하는 데 어려움을 겪는다.		
태도	수업에 성실한 태도로 참여하며 적극성으로 임하는가?	잘함	수업에 성실한 태도로 참여하며 적극적으로 임한다.		
		보통	수업에 성실한 태도로 참여하나 소극적으로 임한다. 수업에 성실한 태도로 참여하지 못하나 적극적으로 임한다.		
		노력 요함	수업에 성실한 태도로 참여하지 못하며 적극성을 발휘하는 데 노력이 필요하다.		

단계(분)	학습요소	교수·학습 활동	학습자료(○), 유의점(※)
Engage (10')	Mind set 전체	■ Introduction ○ Greeting & Small Talk - Date+Day+Weather - 오늘 느꼈던 나의 감정과 이유 말하기 - 친구가 말한 감정과 같은 경우, 손을 들어 이유 말하기 ○ Word Flash(단어 깜빡이) - 단어 깜빡이에 제시된 낱말 소리 내어 읽기 √ 단어 깜빡이 ▶ 단원에서 중요한 낱말을 말하는 활동 ▶ 얼마나/어떻게, 나이 든, 너, 1~5, 6~10, 해(년)	※ 협동학습 정보교환 구조, 같은 생각 앉기 ① Word Flash ppt ※ 낱말을 연결한 표현을 자연스럽게 구사하는 것이 목표임을 안내한다.
Study (10')	학습문제 확인	■ 학습문제 확인하기 나이를 묻고 답하는 표현을 활용하여 친구와 대화하여 봅시다.	
		■ 학습활동 알아보기 【활동 1】Speed Reading 【활동 2】Play 'Card Talk'	② 활동지
	Interaction 전체 짝	■ 학습활동 전개 【활동 1】Speed Reading ○ Pattern Drilling - 단어 깜빡이에 제시된 낱말을 연결하여 문장 만들기 - 문장을 소리 내어 읽기 ○ Speed Reading - 짝과 번갈아 가며 나이를 묻고 답하는 표현 말하기	④ 낱말카드, 풀

Activate (12')	Strength 전체	√ Reading paper ▶ 나이를 묻고 답하는 표현을 짝과 점검하는 활동지 ▶ 단어 깜빡이에서는 숫자, Reading Paper는 숫자와 낱말(문자) 로 제시하며 말하기에서 읽기로 나아가기 ○ Think about Situation - 음소거 영상 장면을 보며 알맞은 표현 말하기 - 나이를 묻고 답하는 여러 가지 상황 생각하기 【활동 2】Play 'Card Talk' ○ '나의 나이 알아맞히기' 놀이하기 ① 왼쪽에 앉아 있는 학생에게 낱말카드 세트(six~ten 뒤섞임) 나누어 주기 ② 오른쪽에 앉아 있는 학생들이 이동하여 앉기 ③ 2명의 학생, 하이파이브 인사 나누기 ④ 낱말카드 세트 있는 학생 A: How old are you? 낱말카드 세트 없는 학생 B : 하나를 선택하여 A에게 전하기 자신이 선택한 카드 속 나이를 추측하여 말하기 I'm (six~ten) years old. ⑤ 학생 B가 맞출 수 있도록 학생 A는 Up Down으로 힌트 주기 ⑥ 학생 B가 정답을 맞히면 학생 A가 낱말카드 주기 ⑦ 교사의 차임벨 소리가 들리면 다른 친구와 만나 대화하기 ⑧ 5분 이후, 역할을 바꾸어 같은 방식으로 하기 (다음 5분은 오른쪽에 앉아 있는 학생들이 낱말카드 세트를 갖고 왼쪽에 앉아 있는 학생들이 낱말카드 세트 없이 활동하기) ⑨ 자신이 획득한 낱말카드, 활동지에 붙이기 ⑩ 교사의 Secret Mission 확인하기	과정중심평가
Review (8')	Obtain 개별 전체 전체	■ 학습활동 돌아보기 ○ Share about learning and feeling - 배움과 느낌 정리하기 - 오늘 사용했던 표현 이야기하기 ○ Culture Time - 생일을 기점으로 외국에서 나이를 말하는 방법 알아보기 √ 자신의 생일이 10.19.을 포함하여 지났을 경우 : 1.1.~10.19. I'm ten years old. √ 자신의 생일이 10.19.을 지나지 않았을 경우 : 10.20.~12.31. I'm nine years old. - 생일을 기점으로 나이를 묻고 답하는 대화하기 ○ Guide to the next Lesson Point - We learned the expressions "How old are you?" "I'm (age's number) years old." Next time, We're going to write the word. make the card.	② 활동지(학습 문제에서 제 시했던 활동 지가 연계되 는 형태) ⑤ PPT 자료 ※ International Age에 대한 내용을 이해 하고, 자신의 삶을 반영하 여 나이를 묻 고 답함으로 써 흥미를 더 한다. (문화 와 삶으로의 확장)

대상	정도	수업 중 피드백 계획	피드백 유형	시기
일반 학생 +특수교육 대상 학생	보충	일반 학생: Reading Paper에 6~10까지 숫자를 적은 자료를 제시하도록 한다. 특수교육대상 학생: 나이를 묻고 답하는 표현을 말하기 어려우므로 하나씩 소리 내면서 말하는 데 도움을 준다.	교사 피드백, 동료 피드백	활동 1
		우리말 발음 표기법이 있는 자료(허니컴보드)를 칠판에 게시하여 학생들이 자신감을 갖고 참여하도록 한다. 특수교육대상 학생: 나이를 답할 때 I'm ten(age's number) 일반 학생: 나이를 답할 때 years old.까지 정확하게 말하도록 한다.	교사 피드백, 동료 피드백	활동 2
	심화	학생들이 나이를 묻고 답하는 상황을 제시하여 생각하도록 한다. 예: 나이를 묻고 답하는 상황이 언제일까? 　놀이 공원, 병원, TV 시청, 영화관, 생일 케이크	동료 피드백	활동 1
		나이에 대한 문화를 소개하여 학생들이 호기심을 갖도록 한다.	교사 피드백	정리

4) 연구회를 넘어 학교로 학교로

　포항협동학습연구회를 통해 배운 함께하는 것에 대한 익숙함은 자연스럽게 학교 동료교사와의 연대로 이어졌다. 체험학습, 운동회와 같은 일회적이기 쉬운 교육활동을 넘어 온작품 읽기, 공개 수업 지도안 함께 짜기, 프로젝트 학습 등과 같이 수업의 질을 향상하기 위한 여러 작업에서 "같이 해 보실래요?"라는 말 한마디는 큰 위력을 발휘했다. 처음에 동학년들은 '같이 한다.'는 것의 의미를 자기가 고안해서 결과물을 다 만들면 그걸 받아서 아이들에게 적용해 보는 것쯤으로 생각한 듯하다. 그런 형태의 동학년 협업 체제만 경험해 왔던 터라 지도서를 가지고 머리를 같이 맞대면서 공동 수업지도안을 함께 짜내는 시간을 처음에는 낯설어하고 힘겨워했다. 하지만 연구회에서 쌓은 내공은 끈기 있게 앞으로 나아가게 했고, 연구회에서 작업했던 과정을 바탕으로 동료 선생님의 생각을 끌어내고, 자신의 생각을 이야기하고 서로의 생각이 그 위에 보태어지면서 공동의 결과물이 만들어지는 과정을 이루어 내었다. 동료 선생님들도 함께하는 것이 혼자 해 나가는 것보다 얼마나 힘이 되고 서로 의지가 되는지 알아 가는 듯 했다. 특히 6학급 작은 학교에서의 기억이 특별하다. 동학년이 없는 상황에서 5학년, 과학 전담 선생님 그리고 3학년 담임이었던 나 이렇게 셋이서 우리들만의 작은 공부 모임을 만들어 일주일에 한 번씩 만나 협동학습과 교육 철학, 수업 방법에 대해 공부하고, 수업 지도안을 함께 짜고, 전체 선생님들을 모시고 직접 수업 공개도 하고, 각자 교실의 고민과 해결 방법도 모색하면서 소위 우리만의 교사학습공동체를 운영했던 기억은 잊을 수 없다. 이듬해에는 전체 선생님들과 함께 인문학 읽기 모임을 추진할 수 있었던 것도 모두 연구회의 저력이 바탕이 되었기 때문이다.

다. 코로나에도 타올랐던 작은 불꽃

코로나로 얼어붙어 버린 학교. 너와 나의 안전거리와 투명막이 절대적인 상황에서 우리는 '협동'을 이야기할 수 없었다. 만나서 수업 이야기를 하자는 것도, 학교라는 공간을 빌려 쓰는 것도 조심스러웠다.

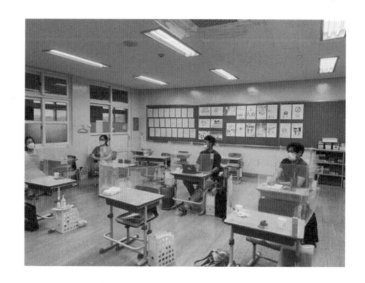

2016년부터 연구회의 아지트로 활용되었던 흥해남산초등학교의 오프라인 모임이 결국 2020년 말에는 줌(ZOOM)으로 전환되었다. 아쉽지만 연구회의 끈을 놓지 않으려는 우리들의 자구책이었다.

2021년 1학기는 줌으로 모임을 진행하기로 했다. 몸이 멀어지면 마음도 멀어진다는 말처럼 코로나를 이유로 떠나는 선생님들도 늘어 갔다. 남은 우리들은 방향을 잃었고 힘이 빠졌으며 다음 모임이 이어질 수 있을지 불안했다. 그래서 비대면이 대면이 될 때까지 구심점이 되어 줄 무언가가 필요했다. 기존과는 다른 모임의 방향성과 실천 방법이 필요했다. 공동 연구는 힘든 상황이지만 온라인으로 배움을 이어 가기로 하고 '책 읽기+ 교실 속 실천 사례'를 하기로 했다. 그리고 학습동아리 연수를 신청하여 연수를 추진하기로 했다. 모인 사람들끼리 배움을 이어 가다 보면 우리는 계속 연결될 수 있고 잠시 쉼을 선택한 선생님들도 돌아오리라는 기대 감도 내심 있었다.

첫 도서는 김소영 작가의 『어린이책 읽는 법』으로 정했다. 각자 정해진 분량의 책을 읽고 와서 생각을 나누는 방식이었다. 어린이책을 어떻게 읽어 내야 할 것인가에 대한 작가의 관점을 배우는 것도 좋았지만 모인 각자가 사색하고 깊어지는 시간이 되어 좋았다. 그 와중에 참 반가웠던 소식은 경주에 근무하시는 남민주 선생님께서 모임에 합류하신 것이었다. 코로나 상황 속에서 줌으로 신입 회원을 맞는 이색적인 경험을 하게 되었다.

지금은 부산으로 전출 가신 선생님의 초롱한 눈망울이 지금도 기억에 남는다. 또 잊을 수 없는 경험은 포항협동학습연구회의 1대 회원이자 포협의 뿌리가 되어 준 세종시의 이나원(이나하나) 선생님을 줌으로 모셔서 '아이 눈으로 수업 보기'라는 연수를 할 수 있었던 것이다. 수업에 대한 치열함과 열정으로 고수의 반열에 오르신 선생님의 이야기를 듣는 것도 좋았지만 우리에게 '이나하나'라는 선생님이 주는 그리움과 뭉클함이 컸던 시간이었다.

2021년 2학기에 드디어 '김희동 선생님의 통전 연수'를 계기로 양동초에서 이틀간 오프라인 모임을 가지게 되었다.

줌 모임에서 뵙기 힘들었던 반가운 얼굴들. 비록 마스크 위로 눈빛 인사 하며 재회했지만 떨어져 있었던 시간만큼 기쁨은 더없이 컸다. 아이들의 발달 과정과 발도르프 교육에 대한 김희동 선생님의 조용하고 울림이 있는 강의 속에서 함께 노래하고 웃고 고개를 끄덕이며 예전의 우리로 잠시 돌아간 듯했다.

교실 속 행복 부싯돌 협동학습

10월부터는 모임의 장소를 학교에서 카페로 옮겨서 조심스럽게 만남을 이어 가자는 의견이 나왔다. 우리는 모두 기쁘게 동의했으며 여전히 마스크로 얼굴을 가려야 했지만 한 공간 안에서 서로 숨결을 느끼며 나누는 대화는 온도가 달랐다.

포항의 한 카페에서 만나 저녁으로 빵과 커피, 차를 마시면서 서로의 근황 토크를 시작으로 매달 2번씩 만남을 이어 갔다. 대화의 주제는 수업 공개를 앞둔 선생님의 지도안부터 협동학습 구조 복습, 함께 나누면 좋을 책의 한 부분, 그림책 나누기 등등 때마다 다채로웠다.

2022년 5월에는 학습동아리 연수 15시간을 신청해서 장성애 선생님을 모시고 작은 그림책 방에 모여 하브루타 질문 수업에 대한 강의를 들었다. 온라인과 오프라인 연수를 병행하여 수업을 들었고, 아담한 공간만큼 아담해진 우리였지만 함께할 수 있다는 것, 함께 배운다는 것이 참 감사하고 소중한 시간이었다.

2022년 2학기에는 결국 5명이 남았다. 그리고 어느 사이엔가 그림책을 가운데 두고 이야기를 펼치게 되었다. 모임마다 두 손 가득 그림책을 가지고 오시는 박미경 선생님 덕분이었다. 선생님께서 읽어 주시는 그림책에 폭 빠져들어 이야기를 듣다 보면, 또 서로의 교실 이야기를 나누다 보면 시간은 금방 지나갔고 가슴에는 따뜻하고 몽글한 무언가가 남았다.

라. 떠나지 못하는 사람들

연수는 끝이 났고 사람들은 돌아오지 않았다. 지금 연구회를 지키고 있는 교사들은 포협의 터줏대감들이다. 목요일은 포항협동학습연구회를 하는 날이라는 오래된 몸의 기억과 그간 애써 일구어 온 땀방울에 대한 기억은 오늘도 모임 장소로 발걸음을 향하게 한다. 코로나로 하나둘 떠난 회원들은 일상이 회복되어도 돌아오지 않는다. 코로나 탓도 컸지만 지금의 학교 현실이 '오늘도 무사하게'에 무게중심이 가 있는 탓도 있을 것이다. 교사의 말과 행동 하나하나가 조심스럽고, '열심히' 하다가 오히려 마음을 다치거나 피해를 입는 경우도 많다.

'대충하라'는 이야기들 자주 듣게 되고 열정을 불사르기는 더욱 쉽지 않게 되었다. 또 무엇을 함께 공부할 것인지에 대한 연구회의 콘텐츠의 고갈도 동력을 떨어뜨리게 하는 것 중 하나라는 것도 고백해야겠다.

그런데 아직 떠나지 못하는 사람들이 또 있다. 포항협동학습연구회 밴드에는 41명의 회원들이 여전히 머물러 있다. 물론 이들 중에는 탈퇴 버튼을 누르는 걸 잊었거나 귀찮아서 내버려두는 사람도 많을 것이다. 오래되어 얼굴이 가물가물한 이름도 있다. 그럼에도 떠남을 유보하고 있는 사람들이 이렇게 많다는 것이 어쩐지 든든하고 힘이 될 때가 있다. 여전히 우리는 함께하고 있다는 느낌 때문이다. '협동하다'는 서로 마음과 힘을 하나로 합하는 거다. 그러려면 연결되어 있어야 한다. 10년의 시간을 지나오며 포항협동학습연구회가 만들어 놓은 연결의 실타래들이 어느 결에 다시 이어질 수 있기를 조심스레 희망해 본다. 꼭 이 공간이 아니면 어떠랴! 우리가 함께 경험한 협동의 아름답고 강력한 힘이 또 다른 공간에서 넓디넓게 이어진다면 기쁘게 소멸을 맞이할 수도 있을 것 같다. 어두운 밤, 빛을 내는 반딧불이처럼 우리들의 '긍개동동'은 어디선가 아름답게 빛나고 있을 터이다.

교실 속 행복 부싯돌 협동학습

아무튼 포협!

강동초등학교 김은경

협동학습을 만난 건 교사 경력 20년이 다 되어 가던 무렵이었다. 고경력 교사가 되면 교실 원더우먼이 될 거라 생각했던 때도 있었지만, 경력이 쌓일수록 교사로서의 자존감은 점점 낮아지고 수업과 학급 경영에 자신감이 사라져 무기력하고 혼란스러운 때였다. 2013년 1월 3박 4일간의 협동학습 연수를 통해 협동학습의 철학, 원리, 실제를 배우고 교사로서 새로워지고 싶은 희망과 열망이 생겨났고 포항협동학습연구회라는 공동체에 참가하게 되었다. 교사로서 큰 전환점이 되어 준 선물 같은 배움의 시간이었고 소중한 공동체를 만나는 계기가 되었다.

포협 선생님들과 10년간 협동학습을 연구하면서 좋은 수업에 대한 시각도 바뀌었고 교육의 대상이었던 학생들을 배움의 주체로 인식하게 되었다. 또, 소통과 관계의 장으로서의 교실과 수업을 이해하며 무엇보다 학생과 소통하고 협동하며 학급을 세워 가는 것을 배웠다. 제이콥 박사만큼은 확고하지 않을 수 있으나 협동학습이 지혜와 행복을 만들어 내는 상호작용의 기술과 태도를 기른다는 것에 무조건 동의하고, 부족하지만 협동학습을 구현하고자 노력하고 있다. 그런데 협동학습의 철학과 방법에 크게 감동했다고 해서 '혼자서 10년 동안 지속적으로 배우고 익히며 수업에 구현할 수 있었을까?' 하고 질문해 보면 할 수 없었을 것이라고 생각한다. 포협이라는 소중하고 훌륭한 교사 공동체 덕분에 가능했다고 진심으로 생각하고 포협에서 함께했던 모든 선생님들께 머리 숙여 감사드린다.

코로나 팬데믹으로 인해 관계는 단절되고 소통은 점점 미숙해지고 교실은 섬처럼 고립되어 가는 중이다. 지금 여기 교사들에게 필요한 것은 서로 연결되고자 하는 마음과 협동할 수 있는 용기, 그리고 협동적 상호작용이다. 포협 같은 공동체의 존재 이유이기도 하다. 한때 서른

명 가까운 회원들이 한 달에 두 번씩 꾸준히 모였던 때도 있었지만 이제 소수의 선생님들만 남았다. 그러나 수업을 함께 연구하는 포항협동학습연구회를 여전히 사랑하고 열심히 참여하고 싶다.

교사, 누구보다 협동이 절실한 사람

대도초등학교 김은희

어느덧 교사로 살아갈 날보다 살아온 날이 훨씬 까마득하다. 이제 아름답게 마무리할 시기를 고심하고 있으니 짧지 않은 교직 경력이 새삼 무겁다. 기억은 희미해지고 빛이 바래면서 아프고 힘들었던 시간조차 아름답게 윤색된다고 했던가. 멈추어 돌아보니 모든 순간에는 나름의 보람과 의미가 있었던 듯하다. 그 순간들 속에 어설프고 서툴고 실수투성이 교사였던 나를 교사답게 변화시키고 성장시킨 크고 작은 변곡점들이 있다. 그중의 하나가 협동학습이다. 협동학습을 알기 전의 나와 알고 난 후의 나는 완전히 다른 교사가 되었다. 돌아갈 수 없는 루비콘강을 건넌 것이다. 나와 협동학습의 인연, 그리고 달라진 교사로서의 제2막을 간단히 나누고자 한다.

가. 절실한 가운데 협동학습을 만나다

나는 꽤 오래 해병대 선생님으로 통했다.

'해병대 나온 선생님!'

거친 바다를 꼭 빼닮은, 날 것 그대로의 아이들을 '잡기' 위해서는 날 선 목소리와 눈매가 필요했다. 내 몸에, 내 목소리에 힘이 실리면 실릴수록 교실은 평정되었고, 주위 선생님들로부터는 카리스마가 넘친다는 이야기를 들었다. 고등학교를 다니는 6학년 제자가 찾아와서 뜬금없이 내가 진짜 해병대를 나온 게 맞는지 질문을 할 때도 헛웃음이 나왔지만 내가 꽤 유능한 것 같아 은근 자부심도 느껴졌다. 수업과 학급 운영의 모든 주도권은 당연히 내가 가지고 있었으며 그 주도권을 빼앗기지 않기 위해 밤낮없이 고군분투하고 있었다. 처음 10년 정도는 카리스마가 잘 통했다. 하지만 해가 갈수록 나의 권력은 조금씩 누수 현상을 보이기 시작했고 갈수록 기존의 방식이 더는 효과적으로 작동되지 않는다는 것을 체감하면서 무력감이 찾아오기 시작했다. 내 방식의 변화가 필요했다. 하지만 '어떻게?'가 문제였다.

거기다가 묵직한 고민이 또 생겼다. 어느 해 영어전담교사가 되고 보니 아이들의 영어 실력이 얼마나 천차만별인지, 한 교실에 영어 유치원을 거쳐 해외어학 연수를 다녀온 아이들이 있는가 하면, 6학년인데도 알파벳을 모르는 아이들도 있어서 수업 목표를 어떻게 설정해야 할지 무척 난감했다. 어학연수를 다녀온 아이들은 영어 교과서를 시시해하니 재구성이 필요하고, 그럴 경우 알파벳을 모르는 아이들은 어려워서 배움에서 소외될 터였다. 교사 혼자서 영어 레벨이 천차만별인 30명 가까운 아이들을 가르친다는 것이 무겁게 나를 내리누르고 있었다.

그러다가 협동학습에서 만나게 된 '또래 가르치기'라는 표현은 내 눈을 번쩍 뜨게 했다. 교사만 가르칠 수 있다는 오랜 생각이 확 깨지는 순간이었다.

'아, 바로 이거야.'

나. 도반들에게 배운 삶으로서의 협동

32시간의 협동학습 연수는 나의 많은 부분을 바꾸어 놓았다. 아이들에게 조금씩 교사의 권력을 양도하며 배움의 주체로 참여하게 하였고, 결과물보다는 그 안에서 이루어지는 협동의 과정을 더 중요하게 다루었으며, 수업을 계획하거나 진행할 때 '긍개동동'을 중심에 놓고 과정을 면밀하게 살피는 것이 습관이 되었다. 또한 모둠 세우기, 학급 세우기 등을 통해 좋은 수업을 위한 관계 형성에 정성을 들였다. '하나 된 우리'를 내걸고 모둠 또는 학급 전체가 함께 성공(성취)하는 경험을 통해 아이들은 배움의 희열을 느끼고, 성장의 기쁨을 맛보았다. 그렇게 협동학습이 우리 교실에 들어온 지 10년, 협동은 이제 자연스럽게 구조를 넘어 내 삶의 토양이자 뼈대가 되었다. 코로나19로 격리된 시공간 속에서도 협동의 불씨는 꺼지지 않고 살아서 교실 속 칸막이를 넘나들며 서로를 연결해 주고 있었으니 어떤 힘든 상황을 만나더라도 나는

교실 속 행복 부싯돌 협동학습

어떻게 해서든 협동학습을 구현하기 위해 노력할 것이다.

아이들에게는 협동하라고 하면서 교사들은 정작 협동을 잘 하지 않는다. 어떻게 협동해야 하는지도 잘 모르는 것 같기도 하다. 나는 다행스럽게도 포항협동학습연구회로부터 협동하는 법을 배웠다. 10년의 시간 동안 협동학습 구조와 철학 배우기, 협동학습 강의하기, 공동 수업지도안 짜기, 온작품 읽기 등을 같이 하며 협동이 왜 필요하고, 얼마나 중요한지 삶으로 체득했다. 누구라도 가르칠 수 있고 누구에게라도 배움을 얻을 수 있다는 것, 함께하는 사람이 바로 나의 스승이 될 수 있다는 것, 배우는 사람보다 가르치는 사람이 더 큰 수혜자라는 것, 그리고 혼자 갈 때보다 함께 같이 가면 더 멀리, 더 오래 간다는 것을 도반들로부터 배웠다. 이 좋고 멋진 것을 배웠기에 지나온 날들이 꽤 아름다웠던 것 같고, 힘들고 거친 시간 속에서도 꿋꿋이 버틸 수 있었던 것 같다. 협동학습과 함께 앞으로 남은 교직의 시간들도 잘 마무리되길 소망하며 교사로서 나를 변화시키고 성장시켜 준 연구회 도반 선생님들께 깊은 감사의 마음을 전한다.

협동학습 10년, 나를 바꾸다

경북교육청연수원 파견 박미경

2013년 협동학습 연수를 들었다.

카프카의 말처럼 도끼가 내 머리를 한 대 때리는 전율을 느꼈다.

'이런 걸 교육철학이라고 하는구나! 이렇게 학생들의 배움을 이끌어낼 수 있구나' 하는 깨달음은 그 후 나의 교사 생활의 터닝포인트가 되었다.

교사의 효용가치가 가장 빛나는 곳은 교단이다. 학생들의 행동을 변화시키고, 나아가 그들의 인생을 변화시키는 곳이 교단이다.

하지만 난 그때까지도 학교 환경과 여기저기 주워듣고, 공부한 경험의 축적으로 학급을 운영하고 있었다. 나만의 학급 경영 철학도 자주 바뀌고, 수업 방법도 좋다는 건 다 중구난방 사용해 보았다. 나만의 색깔도 없고, 후배나 동료에게 내놓을 만한 수업 노하우도 없었다.

그런 내게 협동학습 연수는 맞춤형 옷처럼 학급운영과 수업에 딱 들어맞았다.

함께 공부하는 연구회를 통해 협동학습의 이론과 활용을 배우고 적용할수록 가르침의 기쁨은 배가 되었고, 날마다 학교에 가고 싶게 만들었다.

교사는 무엇을 먹고 살까? 난 아이들의 눈빛을 먹고 산다고 말한다. 그들이 수업시간 보내주는 배움으로 타오르는 눈빛이 교사의 에너지가 된다.

나를 교사답게, 아름답게 만들어 주는 것, 나아가 나를 빛나게 하는 것.

내게는 협동학습이 그랬다.

나를 가치 있는 사람으로 느끼게 하는, 머무르지 않고 성장하는 기쁨을 알게 한 것. 또 나의 부족함을 느끼게 하는 것 또한 협동학습이다. 정확하게 말하면 협동학습으로 만나 지금까지 공부하고 있는 포항협동학습연구회 덕분이다.

함께하는 선생님들은 나를 깨우는 각성제이자 힘듦을 이기게 하는 피로회복제였다.

그래서 아무리 힘들고 바빠도 연구회에 나오는 이유다.

늘 고맙다. 10년이 넘도록 지치지 않고 함께해 준 이들이 있어, 모두가 고단하다 하는 이 길이 덜 힘들었다. 갈 만했다. 아니, 가고 싶을 때가 많았다.

세상이 달려가는 속도에 맞춰 달리는 것이 힘이 든 요즘이다. 선생님이라면 아이들도 학부모들도 머리를 조아리던 세상은 사라졌다. 선생님이 좋았지만 말 한마디 붙이기 어려웠던 학창 시절을 보냈는데, 이젠 열 살도 안 된 아이들이 "왜요? 내가 왜 그래야 하는데요?"라고 덤비는 세상에 산다. '법 테두리 안에서 최소한의 것만 하고 살자.' 자조 섞인 말로 애써 상황을 모면하려는 선생님들이 많아졌다. 사명감 넘치는 훌륭한 교사들도 두 손 들게 하는 현장에서 교사의 사명감을 깨워 줄 도구가 무엇일까? 젊은 에너지를 가진 선생님이 낫다는 학부모들의 평가에 경력 교사의 전문성은 어떻게 빛을 낼 수 있을까? 물질적인 풍요가 넘치지만 정서적 안정감은 오히려 후퇴하는 지금의 상황을 변화시킬 힘은 어디서 올까? 많은 질문들이 끊임없이 밀려들 때마다 방향이 되어 준 곳이 함께한 교육공동체였다. 정답을 가르쳐 주어서도 아니고 교육을 바꿀 만능키를 주어서도 아니다. 어제보다는 나은 교사가 되기 위해 보아야 할 곳을 보게 하고, 가야 할 길을 가게 함께 손잡아 주었다. 서로가 교사로서 부끄럽지 않도록 파수꾼이 되어, 마음을 곧추세워 주었다. 외적 환경에 일희일비하지 않고, 뚜벅뚜벅 한결같이 교사의 길을 걸어가도록 해 준 포항협동학습연구회에 많은 빚을 졌다. 살면서 교직의 문을 닫고 나올 때까지 갚으며 살 것이다.

평생을 교실에서 아이들과 함께했던 그 삶이 인생의 화양연화였다. 교실의 삶을 활짝 꽃 피우도록 도와준 포항협동학습연구회에 무한 사랑과 감사를 보낸다.

수업 방법을 생각했던 내가
협동하는 삶을 배우며 성장하다

포항원동초+달전초+포항해맞이초 박미선

가. 교직 생활의 자부심, 포항협동학습연구회와의 첫 만남

협동학습은 나에게 무엇이었을까?

협동학습이 구현된 교실은 나에게 이상향이었다. 학생들과 상호작용하며 배움이 일어나는 교실을 상징하는 낱말이 협동학습이었다. 원격연수에서만 들었던 협동학습을 만났던 것은 2014년 포항원동초등학교에서였다. '30명이 넘는 다인수 학급에서 학생들을 잘 가르치고 싶다. 역동적인 학교에서 이상향을 실천할 수 있지 않을까?' 하는 생각들이 나의 발걸음을 6학년 1반 교실로 향하게 했다. 박미경 선생님의 쏙쏙 들어오는 강의와 이해되지 않을 때마다 도와주시던 김은희 선생님과의 만남은 나에게 신선한 충격으로 다가왔다. 그때의 배움을 교실에 적용하고 싶은 마음도 있었지만 학생의 입장이 되어 협동학습 구조를 하나씩 실천하면서 설렘으로 가득했다. 책과 원격연수로 배우는 것보다 몸으로 부딪히며 배우고 싶다는 생각에 경상북도교육청연수원에서 주관하는 협동학습을 알아 가기 시작했다. (직무연수만 100시간은 넘게 들었으리라 확신한다)

하지만 직무연수 시간이 제한되다 보니 협동학습의 가치와 철학보다 구조를 익히는 데 급급했다. 사실, 협동학습의 구조와 그에 따르는 방법들을 익히고 나의 성향에 맞는 것을 찾는 데 머물러 있었다. 방법적 측면들을 제대로 알아 가는 것에서 나아가 깊이 있는 공부를 위해 2015년 효자초등학교(포항협동학습연구회 장소)로 갔지만 몇 번에 지나지 않았다.

자동차가 없었을 때인 데다 학급운영과 수업 준비에 바쁘다 보니 마음먹었을 때와 다르게 움직여지지 않았다. 스스로를 위한 미션이 필요했다. 하여, 2016년 흥해남산초등학교에서의 포항협동학습연구회에서는 기록 역할을 자임했다. 모임마다 노트북을 가져가서 기록하고 카페에 글을 올리는 일들이 일상으로 자리하게 되었다. (추후 밴드, 교육넷 개인블로그에도 탑재했다) 누군가 "힘들지 않나요? 기록은 후배 선생님들께 부탁드려도 되지 않나요?"라고 이야기하지만 습관이 되다 보니 그렇게 하지 않으면 일이 풀리지 않게 되었다. 무엇보다 기록이 나에게 큰 자산이 되어 교수·학습과정안을 작성하거나 프로젝트 학습을 계획할 때 좋은 참고자료가 되었다.

나. 어린아이처럼 힘들 때 의지하는 곳, 포항협동학습연구회

기록을 중심으로 포항협동학습연구회에 참여하면서 2017년부터 많은 변화가 생겼다.

각종 연구대회에서 의미 있는 결과를 거두었으며 신규교사 직무연수 강의에도 참여하게 되었다. 그저 협동학습이 좋아서, 빠지지 않기 위해서 했던 순간들이 나에게 큰 영광으로 돌아왔다. 그러나 호사다마라 하였던가? 큰 위기가 찾아온다.

학년부장으로서의 역할, 학급운영과 수업, 각종 업무들과 보고서 작성이 겹치며 2017년 번아웃이 왔다. 담임교사를 하지 않고 내려놓으면 괜찮아질 줄 알았건만 내려놓음마저도 쉽지 않았다. 몸은 편했지만 마음은 불편하던 시기, 영어를 가르치던 조성희 선생님과 친구가 되어 수업에 대해 함께 고민하기 시작했다. TEE 구사부터 협동학습 구조를 적용한 활동 방법, 과정중심평가에 이르는 부분들을 고민하며 공동 수업안을 제작·적용했다. 6월에 1번, 9월에 1번을 했었는데 영어 업무만을 하던 나에게 조성희 선생님이 알려 주었던 꿀Tip들과 협동학습연구회에서 배웠던 내용들을 새로운 관점에서 접목했던 지점들은 큰 가르침이 되었다. 특히, 선생님께서 먼저 실천했던 경험들을 나누며 주의해야 할 점을 언급하면서 수업의 발전을 도모할 수 있었다.

처음에는 수업 방법을 멋지게 펼쳐서 이상적인 교실을 선보이고 싶었을 뿐이었는데 오랜 시간이 흐르며 달라졌다. 협동하는 사람으로, 협동하는 삶을 추구하였다.

배움을 하나씩 기록하며 공유했던 역할을 내가 소속된 다른 교육연구동아리에서도 같이하였다. 성격이 급하고 덜렁대는 나인데 이제는 주어진 역할을 소중히 여기며 꼼꼼하게 하려는 모습으로 변화하니 신기했다. 소속된 공동체에 기여할 수 있음에 큰 행복을 느꼈다. 차갑고 딱딱하기만 했던 나의 얼굴 표정도 변화했다. 밝고 따뜻한 모습으로….

무엇보다 협동하는 삶의 소중함을 느꼈다. 2022년, 경상북도교육청 학생 주도형 수업전문가(수업선도교사)를 신청하며 '영어 실력이 부족한 내가 할 수 있을까?', '업무를 우선시하다 보니 수업에 자신감이 떨어졌는데 괜찮을까?' 하며 매번 울고 고민하던 나에게 연구회 선생님들은 용기와 조언을 건네주었다. 잘할 수 있다고, 하지만 잘하려면 영어 수업에서 중요한 것에 대한 탐색, 영어 의사소통역량의 정확성과 유창성을 위한 실제적인 노력이 필요함을 말씀해 주셨다. 큰 목표 아래, 협동학습 구조에만 얽매이지 않았으면 하는 선생님들의 말씀, 자신의 수업보다 더 고민해 주었던 부분들은 수업전문가(수업선도교사)를 완주하는 원동력이 되었다. 그렇게 나는 협동하는 삶을 향해 나아가고 있다.

나는 앞선 4명의 선생님들에 비해 포항협동학습연구회 경력이 짧다.

나는 앞선 4명의 선생님들에 비해 협동학습에 대한 배움의 깊이가 없다.

하지만 나는 내가 맡고 있었던 것 중에서 지속적으로 참여하고 있다.

끈기가 없는 내가 이렇게 할 수 있었던가? 알려 준 곳이 포항협동학습연구회다.

무엇보다 협동학습으로 인해 부족했던 사람이 변화와 성장을 거듭했기에, 나는 이곳을 내 교직 생활의 자랑으로 여긴다. 감사합니다, 포항협동학습연구회.

협동은 삶이다

가. 배움의 첫걸음

포협의 10년을 기록을 함께하면서 10년 전을 거슬러 올라 햇병아리 시절, 근거 없는 자신감에 가득 차서 아이들을 처음 만났던 나의 모습을 떠올려보게 되었다. 그때의 나는 아이들도 교실도 수업도 그 무엇 하나 본질에 대한 고민 없이 교과서라는 매개와 학원에서 아이들을 가르쳤던 경험만을 가지고 (호기롭게도) 교실에 섰었다. 아니나 다를까 그 첫해 나는 바로 아이들과의 소통에서 문제에 부딪혔다. 교실 안에서 어려움에 처했을 때, 그 누구에게도 도움을 구하지 못하는 수많은 교사들과 달리, 나는 너무나 운이 좋게도 귀감이 될 만한 선배 선생님을 아주 가까이에서 만나게 되었다. 그분께 도움을 청했고, 그분은 기꺼이 내 어려움에 귀 기울여 주셨고, 또한 조언을 아끼지 않으셨다.

그때, 그 선배 선생님의 조언은 아직도 내 수업에서 기본이 되는 부분 중에 하나다.[3] 그렇게 나와 포협의 인연이 시작되었다. 선배 선생님의 소개로 참여하였던 포협의 첫 모임에서 구조들 처음 만났을 때, 얼마나 가슴이 뛰었던지. 다양한 활동들이 원리에 비추어 구조화되어 있었고, 2주에 한 번 배우는 구조(활동)를 실행해 보고 경험을 나누는 자리 또한 얼마나 귀한 일이었던지 아이들과 함께 우왕좌왕 실수도 하고, 성공도 하며 그렇게 놀이를 하는 것처럼 협동

---

[3] '선생님은 아이들이 개개인 하나하나로 보이시는지요, 아니면 6학년 7반을 전체로 보시는지요?', '선생님의 수업에서 가장 중요하게 생각하는 부분은 무엇인지요?', '아이들과 좀 더 눈을 맞추고, 평소처럼 웃으시며 아이들에게 애정 표현도 하시고, 아이들의 이야기에 귀를 기울여 보세요.'

학습의 구조에 매료되었다.

나. 성장

그럼에도 수업은 늘 쉽지 않았고,[4] 학교에서 다른 분들과의 대화에서는 찾아보기 어려웠던 수업에 대한 고민들을 포협에서는 마음껏 나눌 수 있었다. 처음에는 협동학습의 구조에 매료되었고, 그 다음에는 그 원리를 탐구하면서 앞서간 선생님들의 고민이 어떻게 협동학습에 녹아 있는지 느낄 수 있었으며, 이후에는 협동학습에 뿌리에 두고 배움의 공동체, 비폭력 대화와 회복적 생활교육, 교육과정 재구성, 공동 수업 지도안 짜기, 이해중심 교육과정, 온작품 읽기 등 수많은 연수들을 통해 부족한 부분을 하나하나 채워 갈 수 있는 포협이 있다는 것은 든든한 버팀목이었다.

다. 연결되는 삶

그렇지 않아도 쉽지 않았던 수업이 코로나 시대를 맞아 뿌리째 흔들리는 기분이었다. 하지만, 그 고통의 시간 끝에 우리에게 남겨진 교훈이 있었다. 역병이 창궐하던 시기를 보내며 낱알처럼 떨어졌던 우리가 얼마나 일상을 지켜 가기가 힘겨웠던지, 교실 안에서 섬처럼 지내던 아이들의 배움이 얼마나 더뎠던지 그리고 대면하여 소통할 수 없었던 원격 수업들이 얼마나 공허했던지 우리는 안다. 그 경험을 하기 이전에도 혼자 가는 발걸음보다 다른 여러 사람이 함께하는 발걸음들이 어떻게 우리를 웃게 하고 계속 나아갈 수 있는 힘을 채워 주는지 알고 있었지만, 이번에 더욱 절실히 깨닫게 되었을 것이다.

그렇기에 우리는 함께하는 삶을 놓을 수 없고 때로는 비틀거리더라도 세상에 연결되어 있던 수많은 이들의 고뇌를 밑거름 삼아 영겁처럼 우리에게 닿지 않을 거 같은 멀고 먼 그 길 어딘가를 향해 조금씩 더디게라도 나아가고 있음에 자부심을 느끼게 된다.

지난 몇 년 동안의 코로나 속에서의 일상들과 교육 서비스를 제공해야 하는 학교 살이가 꽤

---

4) 언젠가 여러 선배 선생님들께서 10년이 지나도 수업은 어렵다는 말씀에 참으로 의아했었는데, 포협이라는 교과 연구회에서 10년 동안 배우고 또 배워도 수업은 여전히 너무 어렵다.

나 녹록치 않았지만 교실과 세상에서 언제이고 어려움들을 마주하게 되는 내게 물음을 던져 그 해결의 실마리를 함께 찾아갈 수 있도록 손잡아 주는 그네들이 있었고 또 있기에 앞으로 만날 아이들이 두려우면서도 웃으며 맞이할 수 있게 된다.

이렇게 다양한 존재들이 서로 끌어 주고 밀어 주는 그 길이 우리 아이들의 삶에게도 이어지기를 바라며, 아이들의 배움과 우리의 배움이 삶 속에서 맞닿아 함께 성장해 나아가기를 바라본다.

★ 10년 간 포항협동학습연구회의 주요 활동

- 2013년: 이상우 선생님의『살아있는 협동학습』책 읽기, 40개의 구조를 뽑아서 배우기, 각자의 교실에서 구조를 적용한 사례 나누기

- 2014년: 협동학습 구조를 적용한 수업 영상을 찍어 와서 함께 나누기
  협동학습 구조팀과 수업 디자인팀으로 나누어 활동하고 격주로 만나기

- 2015년:『Jacob의 아하! 협동학습』,『파커 파머의 가르칠 수 있는 용기』함께 읽기, 협동학습 구조를 수업에 적용한 사례 발표하기

- 2016년: 협동학습 구조 공부
  협동학습이 녹아든 학년별 공동 수업지도안 작성 및 각자 수업 실행 및 영상 촬영
  학년 대표 수업 동영상 시청 및 피드백 공유

- 2017년: 협동학습 구조 공부
  학년별 수학 수업 공동 수업지도안 작성 및 각자 수업 실행 및 영상 촬영
  학년 대표 수업 동영상 시청 및 피드백 공유(학년별로 돌아가며 수업 영상 발표)

- 2018년~2019년: 협동학습 구조 공부
  학년별 온작품 읽기 도서 선정 및 공동 수업지도안 작성
  각자 수업 실행 및 영상 촬영, 학년 대표 수업 동영상 시청 및 피드백 공유

- 2020년~2022년: 코로나 상황에 따른 온라인 모임 위주
  교실 속 나의 수업 실천 이야기, 그림책 수업
  원격수업 이야기
  언택트 시대의 협동학습
  책『어린이책 읽는 법』함께 읽고 나누기
  온라인 & 오프라인 자체 연수 운영
  수업 연구 교사 공개 수업 보기 & 피드백 나누기
  그림책 소개 및 나눔

- 2023년:『교실 속 행복 부싯돌 협동학습』책 쓰기 작업 중

★ 역대 회장 및 총무

- 2013년: 회장 없음
- 2014년~2015년: 류병구 선생님, 조성희 선생님
- 2016년: 김은경 선생님, 조성희 선생님
- 2017년: 김은희 선생님, 조성희 선생님
- 2018년: 장병철 선생님, 조성희 선생님
- 2019년~2020년: 문석범 선생님, 조성희 선생님
- 2021년~2022년: 박미선 선생님, 조성희 선생님
- 2023년: 박미경 선생님, 조성희 선생님

★ 2013년~2023년 포항협동학습연구회와 함께한 소중한 인연들(존칭 생략)

류병구 김은경 황혜경 김효선 서효경 최은주 박미경 손미경 이나원 이소은 이소영 김인경 이원일 김혜경 김휼빈 박정은 조성희 최주현 김경민 금사라 장병철 윤희철 이정희 문연희 김희진 노언석 김태일 하희은 김민지 문석범 정명혜 유준구 임은아 최정화 송현석 이예인 정현준 추민아 김신희 최다솜 박미선 배준용 한수예 곽연주 윤새롬 김현리 김정숙 정민경 김진원 이지하 임은아 김윤숙 이장우 김강일 서예지 허준영 김정준 박정은 이은령 홍현진 김희정 설민수 남민주